战神刘玉栋

易小荷·著

我想告诉我的儿子以及那些和他一样喜欢篮球的朋友们，我并不觉得自己有那么高不可攀，只是每一次给你们签名，看着你们期盼的眼神，我唯一想说的就是，坚持下去，再坚持下去，这是我们这行，也是你们每个人人生收获的唯一秘诀。

厦门大学出版社 国家一级出版社
XIAMEN UNIVERSITY PRESS 全国百佳图书出版单位

图书在版编目(CIP)数据

战神刘玉栋/易小荷著. —厦门:厦门大学出版社,2012.9
ISBN 978-7-5615-4335-1

Ⅰ.①战… Ⅱ.①易… Ⅲ.①刘玉栋-生平事迹 Ⅳ.①K825.47

中国版本图书馆 CIP 数据核字(2012)第 164443 号

厦门大学出版社出版发行
(地址:厦门市软件园二期望海路 39 号 邮编:361008)
http://www.xmupress.com
xmup @ xmupress.com

厦门集大印刷厂印刷
2012 年 9 月第 1 版 2012 年 9 月第 1 次印刷
开本:720×1000 1/16 印张:12.5
插页:4 字数:128 千字
定价:32.00 元
本书如有印装质量问题请直接寄本社调换

在"CBA十年杰出贡献奖"的颁奖仪式上留下这张难得的全家温馨照

蝉联两届奥运会中国代表团旗手让刘玉栋确实感觉非常幸运

年方十九，敢问路在何方

难得刘玉栋在水中如此放纵张扬

一身戎装，威武潇洒，八一男篮多英豪

有人说，
刘玉栋身上代表了真正的
军人气质：铁血、不屈

登上领奖台拿起奖杯，只是短短的一瞬，
下了台后，再多的艰辛和汗水，
都要自己默默品尝

英气逼人而又气定神闲

写在前面

刘玉栋

这么些年来，总有这样那样的朋友撺掇我出书，都被我婉拒了。在我心目中，自传之类的东西，应该是那些大科学家、大作家在回首一生的时候所做的事情。作为一名运动员，一名军人，我并不是不为自己所走过的路感到自豪，只是40岁的我觉得自己还依然年轻。

改变我主意的原因是因为我的儿子刘健龙，他今年已经上中学了，眼看着个头比他妈妈还高，可能受我影响，他也喜欢打篮球。有时候他会突然问我一些过去的事情，例如，爸爸您像我这么大的时候是什么样？爸爸您是怎么开始打球的，是怎么越打越好的……

恰好就在这个时候，易小荷打来电话问我，厦门大学出版社有意出版你的传记，由我来撰写，怎么样，你考虑一下。易小荷是位资深的体育记者，随CBA和八一队采访许多年，也是非常了解我的一位朋友。这个呼唤再次触动我心中的愿望。

首先，福建是我的家乡，厦门大学出版社的编辑们都喜欢篮球，和他们相处像老朋友一样亲切自然，家乡的一切在我心目中永远都有着特殊的地位；其次，这是个合适的时机，就是在这个时候，我正考虑通过某种方式，让我的儿子了解到自己的爸爸是个什么样的人，走过什么样的路。虽然就像易小荷所说的，我确实是个不擅长表达自己的人，有许多时候，我也试图摆出个父亲的架子，想讲些大道理，说些人生啊理想啊之类的大道理，但那终究不是我的风格。

就让易小荷的笔，把我零零碎碎的讲述串在一起，重温一遍自己的运动员生涯吧。回过头去看，自然我也知道从前的我一定不会是完美的，比如我小时候的淘气，无法无天，我迟钝的"开窍"。可以预料，这些往事兴许还会成为儿子小小的笑料。易小荷在写作的过程当中和我不断地沟通，我们达成了一个共识：不美化，因为那就是真实的我，和我走过的真实的路。

只能说，我的经历就像我这个人的性格一样，简单、明了，没有那么多的弯弯绕绕，也没有那么多的大起大落。有时候别人说我随和、没架子，但我就是个普通人，会生病，会受伤，会流汗，会生气，我只是付出了我能够付出的最多的努力，得到了应有的回报。

这一点，也是我想告诉刘健龙以及那些和他一样喜欢篮球的小朋友们，我并不觉得自己有那么地高不可攀，只是每一次给你们签名，看着你们期盼的眼神，我唯一想说的就是，坚持下去，再坚持下去，这是我们这行，也是你们每个人人生收获的唯一秘诀。

目　录

楔子

此间的少年

英国著名作家毛姆在他的代表作《刀锋》中就说过，一个人"不仅仅是他自身，也是他自己出生的乡土，学步的农场或城市公寓，儿时玩的游戏，私下听来的山海经，吃的饭食，上的学校，关心的运动，吟哦的诗章和信仰的上帝，这一切东西把他造成现在这样"。

一枚硬币的两面

一步一个脚印，从"人"到"神"，刘玉栋的光芒在篮球世界里清晰可见。可是正如一枚硬币会有两面一样，在其灿烂光芒的背面，人们可知他的脆弱之处，他的超乎想象的严重伤病，他的家庭角色的缺失，还有那些大赛受挫所留下的悲情……

翻滚吧！大栋

篮管中心主任李元伟为刘玉栋戴上了象征"CBA 十年杰出贡献球员"的至尊钻戒。刘玉栋手戴钻戒绕场一周，向现场的观众展示这枚罕见的钻戒。一个由 30 多名军人组成的方阵突然起立，向刘玉栋敬了一个神圣的军礼。在那一刻，刘玉栋闭上眼睛深情地亲吻了钻戒，"这是我一生中最难忘、最激动的时刻！"

"那是我唯一觉得如释重负的夜晚。"

2005 年 10 月 22 日晚上 10:00，第十届全运会的男篮半决赛结束，整座城市还没有合上疲乏的眼睛。刘玉栋穿过球员通道，最后一个走出南京五台山体育馆的侧门，印有全运会标志的球队大巴车等待在这里。球场外的志愿者完全拦不住一拨拨蜂拥而至的球迷。令刘玉栋感到惊讶的是，有位身穿蓝色衣服的球迷用带着南京口音的普通话，对他竖起了大拇指喊着："十年钻戒，你理所应当！"

老刘对此心领神会。九个月前，当他从篮管中心主任李元伟手上接过 "CBA 十年杰出贡献至尊钻戒" 的时候，那些从南京赶来宁波支持胡卫东的球迷大失所望，有的人甚至气得对他破口大骂，埋怨篮管中心的不公平。

胡卫东，在刘玉栋的篮球生涯中，既不是他命定的对手，也不是他的偶像，只是，两个人同样出生于 1970 年，一个是少年天赋，一个是大器晚成（虽然两人殊途同归）。胡卫东这个名字，从少年的时候开始，就像是舞台上注定的那个对手，更映衬了他这十年走过的路，从不平坦，艰难，但却终于走到了天亮。

"CBA 十年杰出贡献奖" 类似于电影界的 "终身成就奖"，是对刘玉栋十年来在 CBA 联赛所取得成就的最大褒奖。到目前为止，刘玉栋是唯一获此殊荣的篮球运动员，他无愧于 "战神" 的光荣称号。

灯光在他的身后渐次偃旗息鼓，半决赛的胜利仿佛瞬时就融化在无边无际的黑暗世界之中。

好吧，关于刘玉栋一切的记忆应该从什么时候开始？

那就从还在福建莆田老家的那个时候开始吧。

此间的少年

英国著名作家毛姆在他的代表作《刀锋》中就说过，一个人"不仅仅是他自身，也是他自己出生的乡土，学步的农场或城市公寓，儿时玩的游戏，私下听来的山海经，吃的饭食，上的学校，关心的运动，吟哦的诗章和信仰的上帝，这一切东西把他造成现在这样"。

战 神
刘玉栋

饥饿的野小子（1970—1985 年）

> 15 岁之前，刘玉栋就是一个懵懵懂懂、无拘无束的"野小子"。他学习成绩不好，常吃不饱，根本还不懂得人生目标为何物。甚至于，他印象当中好像都未见过篮球那圆滚滚的东西。

出生于斯

1984 年，第 23 届夏季奥运会在美国洛杉矶举行，钱澄海教练带领以王立彬、郭永林、黄云龙为代表的中国男篮首次参加奥运会（自新中国成立以来）。在这届奥运会男篮比赛中，中国队获得了第 10 名。

开幕式上，当中国 224 名运动员组成的代表团步入洛杉矶体育场的时候，在场的所有观众自发地爆发出了经久不息的欢呼声。射击运动员许海峰在开幕式当天夺得中国第一枚奥运金牌，其后，体操、跳水、女排等许多项目争相拿下金牌，引发了无数中国人的热泪。这次的奥运会像是对中国体育开启了一扇通往世界的大门。1984 年洛杉矶奥运会中国代表团旗手、前国家男篮队员王立彬回忆当时的场景时说："对我们这批运动员来讲，不光是篮球运动员，恐怕所有在 1984 年到过洛杉矶的人都会记得，世界原来是充满色彩的。"

人们通过收听广播电台的现场直播，关注远在万里之外的奥运比赛，从办公室到工厂的几乎整个中国都暂时停顿了下来。北京的上空不时地燃放起了绚丽的烟花，中国体育如同中国的经济一样，迈出了开放的第一步。

早在 1979 年，邓小平就设下了改革开放的四个点，分别是广东的深圳、珠海、汕头和福建的厦门。但是这股春风还没吹到离厦门约 170 公里的莆田涵江区卓坡村村民刘金华的生活里来。这里的生活依旧贫困，这位 30 岁的龙岩煤厂调度员工作十分艰辛，他长年不在家，家里的四个小孩全扔给妻子李淑珍。卓坡村一带主要以生产蔬菜为主，最有名的是韭菜。后来大儿子也在 14 岁时去了龙岩煤

刘玉栋就出生在这里

矿工作，李淑珍一个人种菜，同时还要照顾婆婆、大女儿、小儿子刘玉栋和小女儿。

如今的卓坡村已经发生了翻天覆地的变化，田地消失在水泥地之下，捉鱼的河流不见踪迹，一栋栋崭新的楼房屹立，宽敞的街道取代了原有的泥泞土路，每个角落都似乎透露出新兴侨乡富裕的气息。

只是，当年那个生龙活虎的刘金华，此时正被癌症和心脏病折磨着。这位一辈子刚直不阿的国家工作人员还要用最后的力气，对女儿用她自己的医疗卡给他买药的事情反复阻拦。

他是那种生活在底层的市民，做着基层的工作，日复一日，年复一年，他用实际行动告诉子女，少说话，多做事。

在他最好的岁月里，他大部分的时间都用在了矿务局的办公室里，默默地做着煤矿的统计工作。即使这份工作干了一辈子，在晚年也并不能保证他的全部医疗费用，但他从无抱怨。

在福建，在莆田，像道路这样的基础设施在上世纪80年代还未看出任何建设的苗头，所以现在的宽阔马路原来还是一片荒地。莆田是我国的"田径之乡"，产生过许多优秀田径运动员。在《莆田县志》上也写道：篮球运动在这里也有广泛的基础。就在这片地里，好些生产队都有自己的篮球场和自己的篮球队。由于当时条件限制，运动场只能选一块较平坦的地面，在一定距离的两端木架上，装上无底箩筐，就成为篮球架。村里的人酷爱集体活动，尤其是在一天农活结束之后，他们往往意犹未尽，像是还有使不完的精力，常常成群结队来一场小小的篮球比赛。

刘玉栋父母年轻的时候在老宅的照片

通常他们会分成几组，每组各三人，比赛谁能够把一个皮球抢到并投进筐里，投得越多那一队就获胜，然后再换下一队。

大家都很卖力，拼抢一颗球的时候，简直能让人听到人体肌肉之间碰撞的声音。村子里的人像是天生的投手，十分钟的比赛，双方就能迅速打出几十分的比分。

也许刘金华就是这偶尔旁观的一员，尽管他当年身体素质好得能通过飞行员的体检，但刘家却是从未和篮球结过缘。多年以后因为儿子的缘故，他才开始去追逐电视节目上的篮球比赛镜头，那也仅限于理解两队之间的比分。遇到同乡、朋友拜访，讲起刘玉栋的事情，期望他能多夸耀一下关于这位篮球明星的往事，他最多也只是憨憨地一笑。

吃不饱的童年

刘玉栋其实和父亲接触得并不多。15 岁之前，刘玉栋就是一个懵懵懂懂、无拘无束的"野小子"。他学习成绩不好，常吃不饱，根本还不懂得人生目标为何物。甚至于，他印象当中好像都未见过篮球那圆滚滚的东西。

刘玉栋说自己的童年记忆只充满着一个词语——饥饿。

"刘玉栋是那种想方设法都会为自己找吃的人，遇到灾荒年也绝对饿不着他。"姐姐刘碧霞记得，小时候家里每餐基本上只有一个菜，很小的一碟，对于长身体的刘玉栋来说，塞牙缝都不够。偏偏这个弟弟从生下来就显得虎背熊腰，饭量奇大，于是他就开始学会"自力更生"。

刘玉栋是家里唯一一个会为了吃零食四处搜集废铜烂铁去卖的人（那个年代零食十分单调，无非就是甘蔗、橄榄果什么的）。当然他的最爱是当地一种叫作"兴化卤面"的主食，里面放虾、海蛎、蔬菜和肉，面条煮得烂烂的，别有一番风味。只是卤面太贵，小的时候他只有在拥有一笔大的"进账"的时候才会奖励自己吃一碗卤面。

奇怪的是，很多年以后，当他回到家乡，照例点上一大盆卤面的时候，他明明知道，调料相同，做法不变，但那种儿时吃一口就齿颊留香的感觉却再也找不回来了。

有一次过年，爸爸给了刘玉栋几块钱，一大早他就跑出去了，晚上回来的时候钱一分不剩了，他回应说是被人偷走了。心知肚明的爸爸就笑着跟家里人说，问问他庙门前有几个卖零食的摊位，他肯定能答出来。

没有什么"挫折"能阻止刘玉栋寻觅食物的道路。"隔三差五，他就能抓条蛇回来，那时候住的那种老房子，房屋的横梁都是木头的，煮蛇的香味会把蜈蚣引来，所以煮蛇时一般要在院里砌个灶，邻家的人一闻到香味，马上会把自家的鸡蛋拿来放到汤里借点味……他还会抓螃蟹，抓螺，那会儿像鳝鱼、泥鳅什么的都属于看不上眼的"，刘碧霞说。

刘玉栋则清楚地记得，"那个时候在长身体，没有油水，吃不饱，家里几个月才能吃一次肉，虽也有海

刘玉栋读过的卓坡村小学已经翻新了，他在这里度过了无忧无虑的童年

鲜，比如抓个鱼、螃蟹、蛇吃，但就是盼着吃点肉。"他记得家里常年都是吃地瓜稀饭，妈妈经常说，"不是不给你饭吃，而是养不起啊。"如果可以的话，孩童时的刘玉栋一顿一斤米饭都能吃得下。

于是大多数时候，抓到的鱼、螃蟹、蛇，刘玉栋都舍不得吃，他会拿去卖，一块钱一条，可以换些肉吃。

后来我告诉他，莫言的小说《四十一炮》里面有个叫罗小通的孩子，对吃肉的渴望到了能和肉沟通的地步，"我听到它们在唤喊我的名字，对我诉说，我们是属于你的，我们只属于你，我们在沸水的锅里翻滚时，就在呼唤着你、盼望着你，我们希望被你吃掉，我们生怕被不是你的人吃掉……"刘玉栋听得哈哈大笑，他说这番描述和他当年渴望吃肉的心情是一模一样的。

刘玉栋7岁上了卓坡村小学，没有人明白为什么这个孩子如此好动，常常都是上完一节或两节课就不见踪影。他却委屈地说，是因为饥饿折腾得他无法安心学习。"那个时候长身体，感觉从来都没有吃饱过，上完一堂课，肚子就开始咕咕叫了，一想到还得上完四堂课该怎么办啊，所以就从教室后门溜走了。"

母亲不是不管教，而是根本管教不过来。福建有句俗语，"娶妻当娶莆田女"，刘玉栋觉得母亲手里有做不完的活，有时候半夜两三点，天边只有一丝蒙蒙的难以察觉的光线，他睁开迷迷糊糊的眼睛，就能看见母亲起床，种青菜。还有的时候放学回家，母亲在做饭、缝衣服、扫地。有一次母亲从田里种地回来，手上破了个大口子，一直在流血，看样子流了好一阵子了，她回到家里以后，再舀了瓢水，简单地冲洗一下，拿出块手绢捂在那里，又接着干活。她一句都没有抱怨，脸上也没有任何表情，此后她甚至连提都没有提起过这件事情。

母亲的基因从这个时候就开始深深地植入刘玉栋的血液之中。

"野小子"刘玉栋

莆田在古代的时候称为"兴化"。明嘉靖年间，日本海匪18次侵扰兴化地区，当地百姓虽遭屠城却也从未举手投降。相传清兵入关后，施行高压政策，民众奋起反抗，形成了以莆田南少林寺为大本营的抗清局面。清廷迁怒于百姓，滥杀无辜，许多人家因办丧事贴白联。时值春节，清廷又强令百姓贴红联，以饰"国泰民安"，有人在被迫贴红联时，故意留一截白联，以示心有余哀。随后各家起而效之，遂成白额春联习俗，直至今日。

直到今天，莆田当地还留下了一些彪悍的民风民俗，例如春节时候的打铁球冲烟花，有的壮小伙子会一口气选择冲20个烟花。他们全都赤裸上身，在威力十足的烟火中将整个上半身探将过去，像西班牙斗牛士一般，以烟花在身上留下血迹或伤疤为荣。

在卓坡村，刘姓并不算是大姓，因此村里但凡是姓刘的，不是直系亲戚，就是或多

"野小子"初长成

或少有亲属关系的。据说刘氏祖上是从北方迁过来的，大家都很团结，民风强悍。刘玉栋就亲眼见过不同族姓之间的争斗，"两家不同姓的发生争执，同姓的人都会上前帮忙，而且是一个倒下了另一个又补上，父亲倒下了儿子顶上，从不退却。"

刘玉栋的父亲刘金华身高一米七八，母亲李淑珍一米六八，在身材普遍瘦小的福建人当中算得上是巨人了。哥哥14岁的时候就离开家乡了，那时候刘玉栋8岁，从小就比同年龄的孩子高半个头。他有种与生俱来的狠劲，而且特别擅长爬树，他家乡有很多龙眼树，树枝很细，但他经常从一棵树跳到另一棵树上去，爬得又高又快。村长家有一棵特别高的树，有一次他爬上去失手，掉了下来，晕了很久，醒来以后自己爬了起来，不喊不哭地就回家去了。

有的时候他也会带小朋友去捡弹壳。村子后头有个部队营地，战士们经常在山坡上练习打靶。当呼呼嘭嘭的声音消失之后，他就呼的一下冲出来，带着大家去挖这些弹壳。有些子弹没有裂开，是完整无损的，当他捡到一颗完好的子弹会非常得意，因为这能成为在小伙伴面前炫耀的资本。那时为了捡弹壳，孩子们还有过被解放军叔叔在后面追着跑的经历。

刘玉栋从小到大胆子就特别大。有一次晚上看完恐怖电影《画皮》，他为了验证自己的胆量，偏就从坟地走。乡下地方根本没有路灯，坟地一般都在偏僻处，风吹着，还有动物在叫，气氛阴森恐怖，一般的人早吓得四肢瘫软了，但他说只要集中精神，心里面给自己鼓劲，好像也就那么回事了。

他爷爷去世的时候，家里人让他陪叔叔一起在大姑家大厅守灵。当地民间有种种说法，晚上守灵的时候，如果有猫经过就会炸尸，叔叔守在一旁居然睡着了，他就默默地一个人守着，漆黑的夜里，一个小孩和一具尸体，他说现在想起来，都是恐怖片的题材。

刘玉栋从来都不相信神鬼之事，不过他一直都记得有一次在大姑家，一大家人在一起，大姑请来的算命先生给五个表哥看完面相，顺便也给刘玉栋看了看，那时候他大概也才五六岁的样子，他记得算命先生说："这个孩子手比较大，将来会靠手吃饭，有福气。"

刘玉栋（左一）与发小

战神
刘玉栋

　　虽然不喜欢去课堂，但他却喜欢看小人书。那时候每个城镇大多有这样的摊位，一串的小人书挂在长长的线上，旁边有几张小板凳，坐在那里花几分钱能租看一本。刘玉栋喜欢看的全是《三国演义》《水浒传》《智取威虎山》这样的小人书。因为百看不腻，他就和小朋友们玩弹珠，利用手大的优势赢来好多弹珠，然后转手卖给其他小伙伴。手头一有了钱，他就把喜欢的小人书都买了下来。刘碧霞记得弟弟有一个大箱子，"打开来看，里面全是各种江湖、武侠的小人书。"

　　他最喜欢的人物就是关云长、柴进这类的人物，当然，在生活中他也常常为了帮别人出头而冲在前头。堂弟刘良宁比刘玉栋小3岁，因为刘玉栋学习成绩太差总留级，最后，他们就成了同班同学。那个时候因为同一个村子里有不同的姓氏，姓刘的算小姓氏，经常受大姓氏王姓的孩子欺负，"放学的时候他们几个人围起来欺负我，刘玉栋就站出来，简直就跟电影里的镜头一样，他个子又高，一手抓起一个就扔出去一个。"渐渐地，刘玉栋在摸爬滚打之中锻炼成了孩子王，根本没人敢招惹他。

　　"打架这种事情比的就是狠，为了保护自己，我谁都不会怵，没人比我更狠。"刘玉栋说。

　　读到五年级的时候，一米八十几的刘玉栋已经长得比老师更高了，他不仅领着刘良宁满山疯跑，还经常能有些"奇思妙想"。三年级的时候，有一天刘玉栋突发奇想，带头把书包埋在地里（那时候教室的地板都是土夯的），然后在那个位置把全班的桌椅堆起来，直堆到天花板，老师进来一看，完全没办法上课，气得直哭。

当时的生产队都实行分田到户，有一次刘玉栋又带着刘良宁去偷甘蔗，正吃得痛快，却被人家逮个正着，结果两人都被罚了14块钱给全村的人放电影，那个时候一年的学费才2块钱。为了这件事情，母亲平生头一次痛揍了刘玉栋一顿，直打到木棍都断了为止。

幸运的是，刘玉栋出生在"重男轻女"的莆田农村，奶奶又特别宠爱他。因此当姐姐和妹妹都要帮着家里下田种菜，寒暑假要去附近的一家罐头厂打工（把水果剥皮什么的）赚钱养家的时候，刘玉栋却在村里像个野人一样地上山打蛇，下水摸鱼，尽情享受着自己的童年。

那时候的学校科目简单，也就是语文、数学、绘画，连体育课都没有，自然也不会有什么田径场、篮球框。但是刘玉栋因为个大力壮，几次被选中代表学校参加区田径运动会的比赛。没有受过专业训练的他，完全凭借一身蛮力和在野外疯跑得来的技巧，在涵江区的"全区小学生体育运动会"上无论是跑步、跳远、铅球、标枪都能轻松拿下第一名。以至于有一段时间，其他学校的人一看见刘玉栋就会说："看看，那个很厉害的'黑猪'又来了。"

人的长处和短处有时候往往是与生俱来的，现在已经担任八一女篮中队长的刘玉栋经常会为写发言稿而头痛，他常说"我特别后悔当年没怎么读书，但那个时候年龄太小，不懂得这些。"但是另一方面，他到现在为止一顿还能吃下几大碗米饭，从未有过食欲不振的时候。

当他读到五年级的时候，有天校长到家里来找到李淑珍，说你

战神
刘玉栋

家孩子实在管教不了，把学费退还给你们，让他退学吧。李淑珍生气地问校长，你们学校难道不是要把孩子教好的吗？校长说，他天天打架，我实在没有办法管教……两个人大吵了一架，刘玉栋随后也就退了学。

这是在 1985 年，韩国亚锦赛首胜中国——这是新中国建立以来中国男篮第一次在亚洲痛失霸主地位，中国的篮球事业似乎陷入了一个低谷。

莆田的地方志关于篮球的这一页上面记载着：各乡村自发组织篮球比赛，有的十几队，多则五六十队参赛。在当时交通很不方便的条件下，有的球队要步行几十公里去参加比赛，积极性很高，群众观看比赛的热情更高，每次比赛都是人山人海。

1984 年参加洛杉矶奥运会的中国男篮合影。第二年，其中大部分老将退役，导致中国男篮在第 13 届亚锦赛中仅获第三名

　　我的同事采访过这样一件事情，当时，一个农民工千里迢迢自费进京，在体育总局门口站了整整一天，据同事描述：他头发蓬乱，衣服陋烂，皮肤是那种长年于田里地间农作过后的黝黑，或许因为阳光刺眼，眼睛半眯起来，挤出眼角斗大的一颗黄色的眼屎状的东西，两只手拿着一块半个身子那么大的纸牌：我要当中国男篮主教练！

　　对于那些热爱篮球的人来说，1985年那些年是令人苦恼的年代。他们都热切地盼望着泱泱大国能够出现一些让人眼前一亮的篮球人才，当然，更重要的是，中国篮球在国际上的地位也急需这样的人才去拯救。

　　这一年，刘玉栋15岁了，关于篮球他一无所知。他仍然在无拘无束地继续着他的"野小子"生活。多年以后我们才知道，幼时由于饥饿，对追寻食物的执著也许正是造成他性格上永不服输的开始，但是这个时候的他并不知道，人生的分叉路即将横亘在面前。

同一舞台的两个少年（1985 年）

当刘玉栋还在像野人一样上山下河，提蛇抓鱼，逃课打架的时候，"三项全能"的胡卫东已经横空出世了。

另一个少年

NBA 球员克里斯·安德森曾经是江苏队外援，他回忆说：1999 年我去过中国。在去中国之前，我对中国篮球一无所知。我跟着他们的教练去训练馆的第一天，他们（江苏队）正在做热身运动，坐在球场中圈左右的地方掰腿。有个带头的人，对我晃了晃手，示意我把手里的球给他，我就给他扔了过去，他接到球后，就顺手往大概七八米外的篮筐一扔，进了。我知道了，这里谁是老大了。后来我才知道，他叫胡卫东，是江苏队和中国男篮的队长。

"胡卫东是我见过的最恐怖的中国球员，他那年每场比赛好像都能扔进 10 个三分球。我回到美国去打 NBDL 之后，给很多美国球员讲过胡卫东，但他们都不太相信中国会有那么棒的球员。"

　　和刘玉栋同龄的胡卫东出生在江苏省徐州市，刚上小学三年级的胡卫东已经开始接触篮球。当时他的身高比普通小孩高很多，而且他母亲是徐州市女篮运动员。"和多数篮球运动员一样，我也是在这样的环境下开始接触篮球的。"胡卫东回忆最初的经历，并不觉得有什么不一样，"如果说有什么特别的话，那就是我那个时候学习很好，又听老师的话，所以小学二年级就是二道杠，三年级的时候就是三道杠了。"就是因为胡卫东学习好，而且母亲深知体育这碗饭不容易吃，因此家里人极力反对胡卫东再打篮球，但是倔强的胡卫东还是说服了父母。

胡卫东在大家期待的眼光中成长，他被认定是那一拔球员中最有天赋的一个

　　"我小学的时候，就进入校队了，当时学习好，但是更爱篮球，感觉

一会儿不摸摸球，心里就空落落的。"和别人不同，这个酷爱篮球的孩子，路也走得格外顺利，校队之后，入选市体校，之后又被省体校录取。

1986年，胡卫东已经在国家少年队了，年底参加世界青少年锦标赛，那是他第一次代表中国参加世界大赛，胡卫东获得"三分王"的称号。

现在已是江苏队主力后卫的胡雪峰回忆道，1990年的10月15日，江苏和辽宁有一场男篮比赛十分激烈，江苏队的领军人物就是当时大红大紫的胡卫东。那个时候，"胡卫东"这三个字在当地球迷心中可谓是大名鼎鼎。"辽宁队里的人也都是些老将，像现在的李晓勇、吴庆龙，那会儿还是主力。"胡雪峰对当时场上的所有球员都还记忆犹新，但他的所有视线都被胡卫东给吸引住了。"我从来没有见过那样敏捷的动作。"当时胡卫东胯下运球的姿势，到现在还深深地印在胡雪峰的脑海中，"太了不起了，他用

胡卫东早早地成为了大家心目中的"篮球英雄"

一模一样的姿势连续投中了 6 个 3 分球！"周围的观众都爆发出雷鸣般的掌声和喝彩声，只有坐在观众席的第三排的小胡，张大了嘴巴，一个字都说不出来。

比赛结束，江苏队获胜了，胡雪峰在人群中呆呆地望着心目中的英雄胡卫东被队友簇拥着，离开了场地。在那一刻，他的心里已播下了篮球的种子。

多年以后，纵使胡雪峰成为了江苏队的绝对主力，许多粉丝心目中的偶像，但他也永远忘记不了最初看胡卫东打球时的场景。

新华社记者徐济成曾经是专业篮球运动员，也是资深的篮球评论专家。他说过："胡卫东他们那一代出了很多天才，比如巩晓彬、孙军、刘玉栋等，而胡卫东是其中最有天赋的一个。"

大徐说，即使当年，胡卫东也算不上是那种很刻苦的球员，他的训练只是把他的打球天赋发挥出来而已。"或许正是这种不刻苦，反倒成为一种保护，使他没有太多的伤病，运动寿命能保持到今天。"大徐说："胡卫东的价值在于，他不仅仅是中国篮球的里程碑式的人物，更证明了中国人身上有篮球的潜质，中国人也完全可以打到 35 岁。"

关于天才，胡卫东也曾经说过："有一个教练说过一句话非常有道理，防守靠训练，而进攻是靠天赋的。打球这东西，是要靠感觉的。"

远方的刘玉栋，此时你在干什么？

搏击，搏击（1985—1989 年）

他天生神力，而且一旦被激起了斗志，他就像一根
被点燃的火柴，浑身充满光芒。

为了排骨

1985 年的夏天，空气闷热得像是一张滚烫的潮乎乎的毛巾，但肖光弼的内心比这天气还要更烦闷。

上世纪 70 年代初，全国各级篮球比赛逐步正常恢复。1972 年，以林开波、许文灿、陈世龙等为主力队员的莆田篮球代表队参加全省篮球锦标赛，在翁玉麟的指导下，以"小个打大个"的快速风格，力挫群雄，荣膺冠军。1977 年，福建省男子篮球队参加在沈阳举行的全国篮球联赛获得第五名，为福建省篮球队建队以来参加全国比赛获得的最好名次。

来自莆田的肖光弼就是这支福建队的教练，是其中的一员大功臣。那一年他接手省队时，中国人刚刚从之前的充饥裹腹中解脱没有多久，哪还有多余的精力去弄专业体育运动，所谓的省队也不像今天这样装备齐全。但他深深地热爱这项运动，他喜欢听着皮球在场地上富有弹力的声音，喜欢看到有人飞到空中伸展手臂的样子，喜欢终场哨响时享受胜利的那一瞬间。

或许他心里隐隐地对自己一直有个期望，为什么就没有可能再撞到一两个有天赋的好苗子?

于是他尽力做好自己的本职工作，干得比别人更敬业一些，也见缝插针地开始着漫长的寻宝之旅。

也不是没有人推荐过这样那样的人材。那个时候能上体校是孩子们脱离贫困的一张通行证，农村的孩子巴不得能够留在体校。但选了一个又一个，大多数孩子除了身材高大，并没有什么过人之处。

1985 年的一天，在莆田六中召开的体育科学选材会议上，卓坡小学的一位老师向原涵江区文体局局长郑春沂举荐，说有一个"身材灵活的巨人"，是个小学生，15 岁已经长到 1.88 米，体重 143 斤，身体素质不错，力气很大，不知你们搞体育的有没有兴趣。

于是几天后，郑春沂就给省体工队竞赛处打来了电话。

肖光弼立马就派了助理教练蔡文秀去涵江，在郑春沂的陪同下，两人从涵江一路打听来到卓坡村找人。当他们来到一栋"三间厢"房屋时，只有刘玉栋的奶奶在家，她先是叫回了在菜地上浇菜

的媳妇，好不容易又把在田埂上玩耍的孙子叫回家。蔡文秀远远地就看见一个光着脚丫的大个头汗流满面地跑步而来了，他的个头比村里同年龄的人足足高出一个头，是个典型的骨架粗大脸庞泛红的乡下少年，看上去的年龄远远超过他眼睛里的纯真。

其实在那之前，刘玉栋在学校也就体育能拿到不错的成绩，他并没有经过任何专业的训练，但是跳远和跑步的成绩不错，也去参加过几次全市的跳远比赛，仅此而已。

就这样，没有任何的告别仪式，没有惯常父母的依依不舍，没有眼泪和回望，刘玉栋就跟着蔡教练去了福州试训。

那是刘玉栋第一次离开家门，那个时候他并不知道，从15岁这一年离开家，之后过了整整22年才有机会第一次回家过春节。

前面的路遥遥远而迷惘，刘玉栋没有想到，去福州试训的一小步，会成为将来人生的一大步

大半年后的一天，刘金华往家里打电话，交代妻子大热天的不要让淘气的儿子下河摸鱼时，妻子才告诉他，前段日子家里来了两位陌生人，并且当天就把儿子给带走了，说是学打篮球去，具体去哪里她也不知道。

刘玉栋就这样懵懵懂懂跟着蔡教练去了体工队。第一天他被带到体工队食堂，那是刘玉栋第一次见到这么多"取之不

尽"的食物，他拿了许多的排骨，吃了又吃，这是他印象当中第一次吃饱。

他吃饭的样子差点成为体工队一景。他吃东西的速度极快，好几次旁边的人都担心他会被噎住，而且咀嚼食物的声音也大，好像整个下巴颌都在和米饭作一场贴身肉搏，并且好几次他会不惜冒着把袖子垂到别人汤里的危险去挟菜。

对于肖光弼来说，他并不确定要不要留下刘玉栋。"刘玉栋当时来队里，如果依照现在的条件是不会收的，15岁才一米八七，当时同一拨进来的孩子，许多人条件都比他好得多，而且当时他啥都

福建队主教练肖光弼（左）算得上是独具慧眼，那个时候的刘玉栋（中）并没有显露过人的天赋

不懂。唯一让我心存希望的是，我们当时给他做了骨龄测试，这小子应该能长到一米九八……"

体工队别的教练都在摇头。这样一个连普通话都讲不齐全的野小子，身体条件也不太好，谁都看出来刘玉栋这孩子对篮球理解的迟钝，因此他们只是随意地看一眼就走开了。

肖光弼这个时候才突然意识到，贸然把刘玉栋带到省城来的行为有些鲁莽，毕竟有身体条件的孩子之前也不是没有遇到过，但对篮球的理解，或者说篮球的天赋，是老天爷赠给你的礼物，那是可遇不可求的东西……

他决定先给刘玉栋一个机会。

第一个任务就是跑 400 米，这是刘玉栋第一次接触正规的田径场，他看着一圈圈的跑道有些发晕，他开始发力，一口气猛跑了 300 米，可是 300 米刚刚一过，他觉得自己的腿也木了，嗓子眼透着难受，胸腔憋得快没有气了。

站在一旁的肖光弼什么都没说，从这个小孩一开始起跑，那张牙舞爪，手臂乱挥的姿式，就已经看出他从没有接受过任何的专业训练，他甚至不会调整呼吸。只剩下了 100 米，对于任何一个普通人来说，那都会是最难受的 100 米，更何况是对一个还在读小学的孩子。他并没有叫暂停，只是看着刘玉栋越跑越慢，越跑越吃力，最后几米甚至是走过去的，之后跟跟跄跄快一头栽倒在地……肖光弼觉得，这个孩子还有那么一股子不服输的劲。

与刘玉栋同龄的孙军、郑武、胡卫东、吴乃群、马健等人已开始打全国青少年联赛时，15岁的刘玉栋才第一次接触篮球。

"那个时候也不一定懂什么事业，前途，就是很朴素的愿望，在体工队能吃饱饭。"刘玉栋回忆说。

体工队队友佘文汉也是打中锋的，他

那时候体工队宿舍条件一般，所以刘玉栋才会在出国的时候还"调皮"到和酒店房间的电视合影

比刘玉栋大6岁，因为都是来自莆田的，他一开始就特别留意刘玉栋。他记得刘玉栋刚刚进队的时候，是个看上去黝黑结实的小子，在那一拨新进来的人当中，刘玉栋年龄最大，个子最矮，看上去呆头呆脑。

文汉很快就和刘玉栋，以及排球队的韶辉结成了一帮。有天文汉开玩笑，要和刘玉栋在田径场上玩摔跤，却被刘玉栋一下就摔了个大马趴，文汉那个时候还想着，这小子就是有点傻力气罢。

体工队历来都有老欺新的惯例。来自莆田的几个孩子普通话都说得不好，尤其是刘玉栋（到今天还会把"防守"读作"黄守"），有些老队员就总嘲笑刘玉栋，有一次有个身高2米的大高个在浴室里面又嘲笑刘，刘就和他打了一架。当刘玉栋定定地站在那里，对视着那个比自己高太多的队友，文汉永远都不会忘记15岁的刘玉栋那种复杂的眼神，那里面不是挑衅、藐视、愠怒，而是一种远远

超越镇定、勇气、自信和决心的东西。

他出一下拳，闪躲一下，又出一下拳，谁都没看清楚是怎么回事，简直就像武侠剧里的镜头，大个子扑通一下摔倒在地上，半天都没起得来。

大高个被送去医务室缝了针，瘦小的刘玉栋"一战成名"，从此以后在体工队再也没有人敢欺负刘玉栋了。

"可能莆田人天生就有不服输的性格。他还特别喜欢打赌，有一次为了赢我，喝了17瓶汽水。还有一次他感冒了，当时福建是37度的高温，为了捂汗，他盖了两层棉被，我去摸那被子，都是滚烫的。"文汉说。

但是体工队的生活并不总是那样有趣的，再冷的冬天，再热的夏天，在被窝里睡得再舒服，都得在5:00起床，5:30出操，用一到两个小时的时间练习跑步，上午会有象征性的文化课，下午两到三个小时

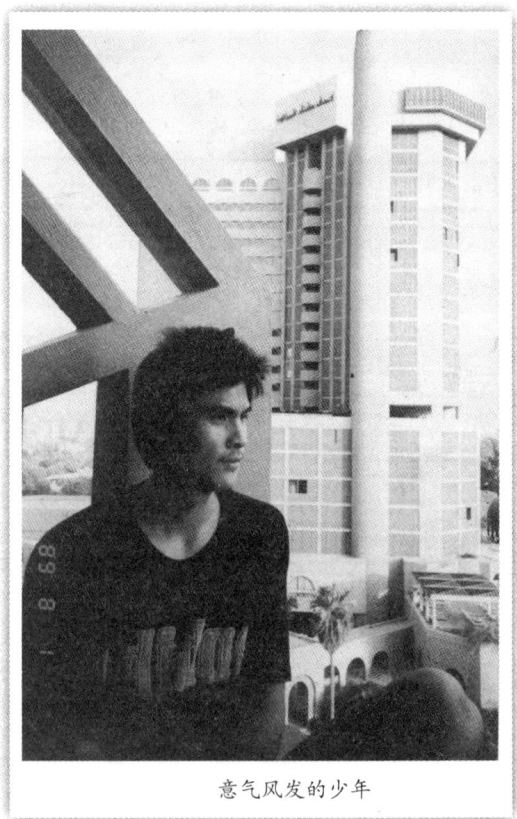

意气风发的少年

的训练，晚上还有一个小时的投篮训练。这种规律而刻板的生活，一开始就成了刘玉栋的"克星"。刘碧霞记得弟弟中途回来过一次，他自己说是因为打架，教练批评他，就一气之下就跑回了家。

但是根据刘良宁的回忆，刘玉栋是在去体工队一个月后跑回来的。"体工队那种地方，出早操啊训练啊都有规律，他去了觉得适应不了。"那一次刘玉栋回家整整呆了十几天，直到教练找上门来才又回去的。

刘玉栋回到家才发现，这个家他根本呆不下去。他辍学已久，又没有别的工作，在家里条件艰难，还吃不饱，于是只好和教练一起回体工队。

但这次肖光弼却想"赶他走"，因为那个时候的刘玉栋实在太懒了，平时训练，如果叫他练运球，他拍两下就坐到篮球上面。为一个这么晚起步的运动员，他从不加班加点，更重要的是中毫无坚决的斗志，也没看出他对篮球有什么深层。

终于有一天，当肖光弼来到场地，发现刘玉栋又坐在篮球上。懒，他忍不住生气了，说你干脆回去吧，不要再来了……刘玉栋低下头，以为教练真的不要他了，默默地回到宿舍收拾行李。其实这个时候肖光弼正暗地里告诉助理教练，你去劝劝他，让他努力点，争取留下。

这一年，刘玉栋写过四五封家书回家，大部分的时候，他都会提到体工队的伙食如何丰富，"妈，你放心，我每天都能吃得饱饱的，我会好好听教练的话，为了能够正式留下来。"

可以踩过去，不能跨过去

1985 年第 13 届亚锦赛时，韩国队在亚锦赛首胜中国队夺冠。这是新中国建立以来，中国男篮第一次在亚洲痛失霸主地位。

当年，由于郭永林、匡鲁彬以及穆铁柱已经离开国家队，中国男篮只有 27 岁的李亚光和 29 岁的刘建立两位老将。中国和印度尼西亚、泰国分在同一小组，中国男篮首战以 138∶31 狂胜印尼，107 分也是中国男篮在国际比赛中的最大净胜分纪录。但在四强赛中，中国却以 65∶74 负于韩国队，又以 72∶82 不敌菲律宾队，仅获第三名。

在同韩国队比赛之前，中国队有一定的轻敌思想。赛前，韩国队换了大批球员，许多青年队的队员补充到国家队。而韩国青年队在之前的比赛中多次输给中国青年队，因此，无论教练员还是队员，都认为中国队可以战胜韩国队。在小组赛上，中国队曾观看了菲律宾队和韩国队的小组赛。上半场的韩国队打得很差，见状，中国队上下更增加了战胜韩国队的信心，于是，未看下半场就离开了。而韩国队在下半场却发挥了很高的水平。中国队和韩国队之战的前几分钟，双方你来我往。但之后，中国队的失误开始增多，最多的时候落后对手 11 分。下半场，中国队虽有所恢复，但韩国队发挥得非常稳定，利用准确的罚球和三分球，最终以 74∶65 战胜了中国队。

中国男篮兵败韩国，在具有广泛篮球爱好者的中国引起强烈的反响。

福建体工队虽在省城福州，但所处的位置很偏僻，前后左右全是稻田，只有几间老百姓的破房子点缀其间。体工队门口只有间小杂货店，一到晚上四周漆黑一片。进入体工队不久，因为宿舍就挨着篮球馆，刘玉栋每天的生活两点一线，起床——篮球馆，篮球馆——睡觉。

偶尔刘玉栋也会在附近走走，逛逛。这一天他走得远了点，信步走进一个小茶馆似的旧房子，正好一群人挤在一起说起刚刚过去的亚锦赛，你一言我一语，议论得好不热闹，完全是把比赛当作直播。

"真他妈的丢人，中国（队）输成这个样子，我们几亿人口，人家韩国才多少人口？ 看起来，简直是狗屎。"

"也没有那么糟糕吧，不是因为王立彬他们都退了吗。"

"就算王立彬他们回来又能怎样，他已经算是中国的顶级明星了，他们那一拨也就拿了个世锦赛第九。"

"第九就不错了，你还想拿前三不成？"

在一堆叽叽喳喳的争论当中，只有一个上了年龄的人没加入到这种批斗，他只是微笑着，不管谁说什么，他都只是微笑着，看起来像是那种对生活所有的变化都能照单全收的人。

终于几个人面向他，异口同声地问："王老，听说你从前也是专业人员，你说中国篮球还能后继有人吗？"

"当然！"王老收起了微笑，十分认真地说，"中国篮球出过的人才多了，你看看，就我们这里的人有多爱打篮球就知道了。"他

不紧不慢地抿了一口茶，又说，"现在中国队正处于新老交替的时候，应该还能出来一拨。"

"王老，这是你自己想的吧，我们怎么谁都没听到！"一位年轻小伙子显得十分怀疑，其他人和他一样笑了起来。

"小张，我老王什么时候撒过一句谎？ 告诉你，我是看过国家队打球的不多的几个人之一，咱还是有人才的。"

"哦，你说的就是山东有个姓巩的小子？"在旁边安静了半天的茶馆老板突然插了句进来。

"嗯，那确实是个人物，可是我说的是另一个江苏小子胡卫东，现在国少队，那孩子的天赋，将来应该比姓巩的还传奇。"

这应该是刘玉栋第一次听到有关胡卫东的传说，直到今天回忆起来，踏入那个茶馆，听到那番议论，感觉像是个梦境一样不真实。他有时候也怀疑是记忆出了错，极有可能就是从体工队某个教练那里听来的。

他仍然处在什么都不放在心里的懵懂年龄。虽然在肖光弼的"软磨硬施"之下，他已经不再像

懵懂少年

从前那样懒惰，但他仍然是那个乡下的野小子，把吃放在第一位。只是，随着这一年时间的流逝，就像蛇要褪皮、种子要发芽一样，刘玉栋也正在悄然地发生自然变化，慢慢地，刘玉栋的协调性方面已经和从前不相同了。

刘良宁印象最深的却是上高中的时候，他有一次去福州看刘玉栋，突然觉得刘玉栋变化很大，"他好像一下子变得很成熟，照顾我的吃住，帮我买车票，又送我去车站，我突然感觉他真的像一个大哥哥，我像小弟弟一样。"

这个时候的刘玉栋也已经不是刚进体工大队的时候，连对方使绊子都分不清的傻小子了。即使后来在球场上，他也会遇到那种打球特脏，伸腿来绊，或者暗地里给一肘子那种打法。一开始他没有经验，等到后来有经验，能分辨哪些是无意的，哪些是故意的以后，如果还有人这样干，就直接警告，如果对方还这样干，直接暴揍一顿，几次下来，就名声在外，人家都知道他不好惹，根本没人敢对他下黑手……

"只要有人欺负到他头上，他一定会还回去。"正是刘玉栋的这点"个性"，引起了肖光弼的注意。有天晚上球队进行"老对新"的对抗训练，因为佘文汉很瘦，和人家对抗，经常被撞得半死。教练看看这个，又看看那个，终于，他说，刘玉栋你过来，把文汉替代下来以后。刘一上场，整个队的对抗强度就完全不一样了。

进步是神速的，仅仅练了两年多的篮球，刘玉栋就进入了福建省男篮一队，这时他的身高已长到 1.93 米。进一队不久，刘玉栋就代表福建出征六运会，并成为乌鲁木齐赛区年龄最小的球员，这年

夺得 1989 年菲律宾马尼拉篮球邀请赛冠军的福建省男子篮球队（左一为刘玉栋）

他 17 岁。

六运会结束 4 个月后，刘玉栋又代表福建参加全国联赛。那时他已成为队中的主力，平均上场时间 30 分钟，得 12 分 8.5 个篮板，这距他第一次摸篮球还不到 30 个月。

"那是我们第一次发现，刘玉栋这个貌不惊人，连普通话都讲不好的小子有了进步。"黄紫波是队里的后卫，比刘玉栋大 5 岁左右，算得上是体工队的老队员，他至今都记得刘玉栋在 1988 年"双鸭山全国篮球乙级联赛"时的"一鸣惊人"。

那个时候，18 岁的刘玉栋是队里最小的队员，是第一次打主力，场上的搭配是四老搭一新。那场比赛的对手是云南队，一上场才发现对方的中锋有 2 米多，比 1.95 米的刘玉栋高出小半个头。当时刘玉栋显得很紧张，一出场，因为对方弹跳很好，盖了刘玉栋的帽，他更加不敢打了。

黄紫波担心刘玉栋害怕，上场之前对他耳语说："不用怕，反正第一场比赛，打打试试。"

开场一上来，福建队就输掉两球，肖光弼有些沉不住气了，在场边吼了一句："大栋，别丢球啊！要保证球在手上！"

对方中锋不以为然地笑了，他的视线可以轻易地越过刘玉栋的头顶看到篮筐，云南队也有队员回过头来瞄了刘玉栋一下，他嘟哝了一句，准确无误，两个字"废物"。

这下子可惹怒了刘玉栋。他依旧用略带点别扭的奇怪的姿式运着球，皮球就像黏在了他的手掌之上，而他身影在对方两个大个子当中轻松地穿梭，他太快了！

战神
刘玉栋

正打得这天昏地暗之时，云南队那边取得球权，刘玉栋也摆出一副"懒得防守"的样子，云南队的中锋老眼昏花，瞥见篮下有空，飞身跃起要灌篮，这时，斜刺里杀出刘玉栋，不知道怎的，他感觉自己肩膀一斜，只听得扑通一声，差点吃了个倒栽葱。

福建队打出一波小高潮。中场休息的时候，比分领先，刘玉栋也在黄紫波耳边低语说："他是比我高，但不中用，我只用屁股轻轻一顶，他就飞出去了，呵呵。"

发小韶辉至今还记得当年刘玉栋的种种细节，他常觉得吃不饱，他偷懒，但是他天生神力，而且一旦被激起了斗志，他就像一根被点燃的火柴，浑身充满光芒。

肖光弼也正是从那次乙级比赛中发现刘玉栋天不怕地不怕，特别好强的特点。"他不怕和老队员打，不怕和强手打，他之所以成功，这个心理素质特别重要，这些东西应该是天生的，没法练。"

在篮球术语当中，如果有人天赋极高，成就很

肖光弼教练

大，有时候就会被形容成"被命定的那个"或者是"被选中的那
个"。例如 NBA 的乔丹、科比、勒布朗·詹姆斯都有过这样的称号。
命运其实并没有在此时指示刘玉栋是"被命定的那个"，这句话反
而更适合少年得志、顺风顺水的胡卫东（胡卫东在一次接受采访
时说他从小就被人灌输这个观念）。此后直到去八一队之前，刘玉
栋有很多次机会随时都有可能离开篮球，但他坚持下来了，或者说
"被命定了"。肖光弼至今还念念不忘比刘玉栋小一拨的一个中锋，
身高比刘玉栋高，天赋也强过他，但是到了体工队之后就放弃了。

　　"这条路其实很艰辛，有的时候，不仅仅在于天赋，或者智商，
只是能不能选择坚持下去。"肖教练深有感触地说。

向上，大栋

我是非常要强的一个人，从来都不服输。今天我可
能不服你，明天我就要超过你。

初入八一

1989 年，19 岁的刘玉栋代表国青队出国比赛。当他回国的时
候，却传来了一个不好的消息，由于全运会上成绩不理想，福建男
篮宣告解散。

此时的刘玉栋已小有名气，成为各队争夺的香饽饽。济南部
队、南京部队等球队向他发出了邀请。刘玉栋虽然已经在世青赛上
尝到了荣誉的甜头，但他此时还没有确定是否以篮球为终生追求的
目标。如果为了贪图安乐，不离开家乡，省里很多好单位在等着
他。福建省内的篮球气氛很浓厚，企业和机关中经常有篮球比赛，

退役的球员都很抢手，和刘玉栋同一拨的许多队友都选择了要一个铁饭碗。

刘玉栋说："有时候可能就差这么一步，那个时候我也很犹豫，毕竟我练篮球练得晚，即使现在有一些成绩，但并没有人完全看好我，觉得将来有一天我会成大器，包括我自己，也不可能看得那么远。"

球队解散让当时年轻的主教练肖光弼非常郁闷，他当然更不希望自己的得意弟子像福建男篮一样早早地退出中国的篮坛。在否决刘玉栋退役选择后，肖光弼权衡了两支部队球队，最终让刘玉栋选择了南京部队。一是南京部队里会有刘玉栋的位置；二是当时南京部队的主教练孙邦同时也是国家队的主教练，在国家队主教练手下打球，肯定会有提高的机会。

缔造"八一王朝"的主要成员

战神
刘玉栋

　　事情果然像肖光弼预测的那样，刘玉栋在南京部队打了一年，就有不俗的表现，很快就入选了国家集训队（尽管此时主教练已经换成了蒋兴权）。

　　但是对于刘玉栋的职业生涯来说，更重要的一件事情是，他又被八一男篮给看上了。

　　八一体工大队建队于上世纪 50 年代，至今已走过 60 年的光辉历程，先后获得世界、亚洲、全国重要比赛冠军 2500 多个，破超世界纪录、亚洲纪录 280 多次，先后向国家队输送了 1700 多名优秀运动员、教练员。其中，名声最为显赫的当属八一男篮，曾被中央军委授予"团结拼搏的体坛劲旅"荣誉称号。八一男篮在 60 年岁月中，先后 42 次获得全国冠军，其中包括 8 个 CBA 总冠军，7 个全运会冠军（全运会已举办 11 届），向国家队输送的优秀运动员也是枚不胜举，能够脱口而出的就有钱澄海、穆铁柱、匡鲁彬、王非、阿的江、刘玉栋、李楠、王治郅……八一队被喻为是"皇冠上的钻石"，中国男篮在上世纪 90 年代中期以前，其领军人物基本都出自八一男篮。

　　在当时，八一男篮已经 6 年没拿冠军了。面对困境，大队领导决定要从全国各大军区调入优秀人才，尽快提高八一男篮的成绩。于是通过一系列甄选，分别从南京军区、沈阳军区、济南军区和广州军区调入刘玉栋、张涛、刘强、范斌进入八一队。八一男篮当时的主教练是马清盛。

　　教练吴忻水至今都记得最初看见刘玉栋打球时候的样子，"当时从各个军区选调进入八一队的球员，队员名单就是我们定的。刘玉栋那时候刚 20 岁，特点非常突出，得分能力强，身体素质好，弹跳很强，力量特别好，最重要的一点是打球作风顽强，用句大白话来说就是'好斗'，不服输，在场上争强好胜，如果有人在他面前扣个篮，他就一定得设法还回去！"

经过几十年的时间，中国人民解放军在全国组建了 20 支部队篮球队，八一队无疑是代表所有部队篮球队的最高水平。他们也享有特权，可以不必顾忌那些省队、地方队之间球员转会的问题，随意挑选人才。刘玉栋的争强好胜性格深深地吸引了吴忻水，可是他并没有想到，刘玉栋根本就不愿意到八一队来。"他这个人性格特别倔，认死理，说得通怎么都可以，说不通怎么都不行。"

"1989 年我还在南京部队的时候，第一次到八一体工队驻地的北京红山口打比赛，感觉那里就像是荒郊野外。红山口位于北京的北五环之外，一眼望过去，除了连绵的山脉就是菜地，偏僻得连个饭店都没有。"刘玉栋回忆说。

他那时正处在如日中天的时候，之前从福建队来南京部队队，才不到 20 岁的刘玉栋就已经提升为正连的级别（在他的年龄算是很高的级别了），又和教练马跃南、杨学增相处得十分融洽，队友们也非常亲切，那些大哥们的关照让他这个小弟弟觉得非常幸福。

当时的命令是让刘玉栋必须在 1989 年底之前到红山口去报到，他根本就不愿意去，因为突然要换一个不熟悉的环境，对他来说当然非常苦恼。直到上面某个大领导出面亲自点名，刘玉栋才磨磨蹭蹭挨到最后一个去北京报到的……

整整一年，他都带着抵触情绪参加八一队的训练。让他出操他也不出操，有一次和当时北京的前卫队打比赛，他上场之后毫无斗志，打得乱七八糟，中队长就当着大家的面说，刘玉栋你怎么这么散漫，他的声音很大……结果刘玉栋一气之下就用更大的声音回复他。"我那时候天不怕地不怕，还盼望把我开除，我好回去呢！"

中国的体校和训练中心都是效仿解放军的体育训练模式，八一队无疑是最早开始的也是最艰苦的。在红山口这样的部队驻地，运动员在早上5点半起床是再正常不过的了，跑上四五千米，投上几百次篮，早饭吃完之后又马上接着训练。这样算下来，一天能有两到三拨的训练，这就是军人特有的生活。"我们真正的优势并不在于我们拥有中国最好的运动员，而是我们有最强的精神。没有人能和我们一样吃苦。"刘玉栋回忆说。

而吴忻水则说："我们那一代人，直到刘玉栋这一代为止，都是很单纯的，那个时候是自古华山一条道，单纯朴素，除了篮球，我们不了解别的，没有钱，只有一个小饭馆，出去晚了连公共汽车都没有……更没有电脑、手机，

在吴忻水（右一）的心目中，老八一队的记忆永远无法抹去

大家练得都非常专注，心全放在了篮球上，不像现在的年轻人，他们干扰太多，面临各种诱惑，也有各种道路的选择。"

八一队的训练每天都要进行，从不间断，一年里大概只有两周的时间用来参加比赛，还有一周休假。从 1996 年开始职业联赛，比赛的时间增加，休假的时间就减少到每年只有两三天。

但是刘玉栋根本没有想到，他会在这种枯燥艰苦的训练生活中如鱼得水，并且找到自己的人生价值。

成就大栋的七运会

时光追溯到 1987 年的六运会。

在六运会夺得冠军之后，八一队很长一段时间都处于非常低迷的状态。在当时的全国重大比赛中，八一队数次沦为辽宁队的手下败将。七运会的时候，他们面临的最大对手还是辽宁队。

1993 年北京七运会之前，辽宁队在全国联赛中曾经三夺冠军。当时辽宁队拥有李春江、张学雷、李戈、王力、吴庆龙、崔万军、王治单、吴乃群、李晓勇等精兵强将，而八一男篮则拥有阿的江、王非、张斌、黄云龙等成名已久的老将和年轻队员刘玉栋、张劲松。

七运会是刘玉栋参加的第一次全国运动会，那一年他才 23 岁，也是唯一一个跟着老队员打的年轻队员。王非是队中的绝对主力，当时八一队的发力点和进攻点都在王非那里，于是在比赛场上，大多数时候刘玉栋都把球交给老队员或者王非手头，结果预赛的时候

战神
刘玉栋

还是输给了辽宁。

决赛中，又是八一队与辽宁队碰面，此时的辽宁队准备充分，士气旺盛，志在攫取冠军，王非在这个关键的时候又受伤了，外界所有人都看好辽宁，八一队面临着空前的压力。

"那个时候我多年轻啊，我是队里最小的一个，真的是什么都不怕，反正压力全在他们老队员身上了。"刘玉栋这样想，也是这样做的，他在那一届的全运会上，一

曾担任过八一队主教练的王非是中国第一个自费赴 NBA 学习的教练，他也曾经带领过王治郅、刘玉栋为首的八一队连续 6 个赛季攻下 CBA 总冠军

路拼杀，场场都几乎打满 40 分钟。"其实我知道我们可以拼出来，只不过，我不知道能拼到什么程度。"

没有人会想到，决赛那一场对辽宁队，大栋一个人就拿下 34 分，辽宁再一次在全运会上屈居第二名。比赛之后，辽宁队的主教练蒋兴权脸色发白，忘记和八一教练吴忻水握手就匆匆离开了场边。

那个晚上，场上所有人都在欢呼，那几秒钟流逝得很慢。以篮球场的中线为界，左边的辽宁队陷入痛苦和沉默，右边的八一队被

掌声欢呼声包围着。

刘玉栋站在场边，他没有加入到队友们拥抱的行列。过去，打球对他来说就是个谋生的工具，他可以借此来吃饱饭，减轻家里的负担。但是这个晚上，突如其来的冠军和灯光，像是蛰伏在心里的一棵小苗破土而出了，他舔了下嘴唇，连嘴里都是甜的。

"那天晚上他们都出去庆祝了，我一个人留在房间看电视，哪里也没去，但我心里高兴得什么似的。后来八一队拿过很多次冠军，我也无数次站上过领奖台，唯独这一次，是我最难忘记的，不得不说，七运会的夺冠对我后来的职业生涯起到了很大的影响。"

客观地说，当时的篮坛霸主辽宁队输球也是在所难免，那十来年的辉煌整整压了一批苗子。而八一队正处于正常的新老交替，人员储备十分充足。而在辽宁队，就连从国家队回来的张学雷都得坐板凳，老队员的光芒遮住了新秀的成长。

回到沈阳后，辽宁队的国手李春江被告知"被动退役"，组织上给他分配到某房产局工作。对于刚满 30 岁的李春江来说，这无异于晴天霹雳，经过一番激烈的思想斗争后，他决定去广东。从那天开始，他注定要成为中国篮球史上的另一位领航者，成就另一段佳话。

七运会成了八一男篮的分水岭，此后八一队统治中国篮坛长达 10 年之久。

第二年，1994 年的全国联赛，阿的江还是八一队的主力控卫，刘玉栋作为绝对的主力占据了场上的主要位置，李楠和王治郅刚刚

入队，都是八一队拿下七运会冠军之后的吐故纳新。全运会成为了一个发酵器，衡量过他们磨砺四年的厚积薄发，再催促他们开始新一轮的努力。

长大成人

那天的傍晚时分，球馆也没开灯，刘玉栋摸索着进入馆里的时候，才听到有人在练球的声音，一个模糊的身影，像是神出鬼没的幽灵在场上来回奔跑。

等眼睛适应了黑暗，才发现不知道是谁在场地上放了许多根板凳，那个幽灵孤独地摸黑绕着板凳，一趟趟，滑溜的，像是好玩又像极为熟练地把皮球拍来拍去。

幽灵转过身来，对着刘玉栋一笑，那是正在加班加点苦练的阿的江。

刘玉栋也站在了另一边场地的罚球线，他歪着脑袋，下巴微仰，双手抱着球，开始一个人练习投射，篮下，罚球线，三分线，一个，两个，三个，四个……像是在纠正自己的手臂和篮筐之间的角度，篮筐仿佛变成了一片浩瀚的大海，展开了宽阔的怀抱。

70、71、72……80……90……

他一共投出 100 颗球，命中 90 颗，对于一个新手来说，这简直是一个惊人的数据。

刘玉栋的过人之处就是投篮命中率极高，即使对方再怎么防守也无法阻止他把球送进篮筐，这独门绝活靠的就是苦练和经验。在刘玉栋出生的那个年代，丝绸是很昂贵的东西，可大家总开玩笑说他有着丝绸般的手感。

这种与篮球的默契是千金难觅的无价之宝。回忆起来，刘玉栋形容那种状态就好像一阵风猛吹了过来，"19岁近20岁，不知道怎么，唰的一下突然就开始懂事了。"他

练到狠的时候，刘玉栋看上去就是这样的"为伊消得人憔悴"

的这种只需几日就武功大增的情况，唯有在那些虚无缥缈的武侠小说当中才能读到。

他开始明白很多技术要磨炼，比如传球的多样性、投篮的多样性。那时候没有现在这么好的条件，得靠自己琢磨，怎样投准，如何增强稳定性，和什么人防你，"这里面有一些微妙的地方，可能这就是优秀运动和一般运动员的区别所在。一开始大家学的都是一样的，教练教的也一样，但后面就得靠自己领悟，这时候确实得需要一些天赋了。用篮球语言叫作'解读比赛'。"刘玉栋说。

对于一个年轻人来说，仿佛是"醍醐灌顶"。1993年的七运会使刘玉栋有生以来第一次尝到荣誉的滋味，体会到自己的价值。

战神
刘玉栋

刘玉栋成长的过程，也是八一队七连冠阵容成长的过程。那个时候不仅仅是刘玉栋，整个八一队的人都会经常在训练的时候拼得鼻青脸肿，"不像现在的孩子，是生气了才和你拼，如果是这样来计算，那时候天天都在生气，反正现在看不到这样的训练了。训练完了还要加力量、辅助力量训练……大家真是用心在练，付出非常多，那个时候大部分时间在球队，几乎没有私人生活。"吴忻水回忆说。

这是一个光线黯淡、没有暖气、地板严重磨损的破旧体育馆，寒冬时节气温是相当低的。在欧美国家，普通中学的体育馆都不会如此寒酸，但这已经是当时条件最好的体育馆之一了。

刘玉栋经常静悄悄走入篮球馆，在空无一人的馆里默默地练着，直练到舌尖苦涩。

刘玉栋开始对篮球倾注了全部的感情。如果说之前练球是因为人生别无选择，是为了要吃饱，而现在生平第一次，他意识到篮球带给他的东西，是他骨髓里对篮球的热爱。他可以一天都泡在训练馆里，就连晚上，也恨不得抱着篮球睡觉才行。

刻苦，刻苦，

刘玉栋在力量房里一练就是几个小时

刻苦。他的进步就像是平地上来的一阵暴风，突然而至的，不带犹豫的，毫不留情的，片甲不留地扫清路面上的一切障碍，然后不由分说地将身边的人都埋进惊叹的沙土里。

"我是从 1985 年才从事篮球行业，1988 年就能扣篮，所以弹跳能力是非常好的。练了三年以后我就可以达到这种高度，是因为每次训练都是百分之百地发力，可以想象，二十年关节磨损到了什么地步。"刘玉栋说。

很快，在北京首都体育馆举行了一次世界军人篮球锦标赛，对手太弱了，八一队打得也顺风顺水，没多会儿老队员在场上开始随意地打，丢球，不拼抢，嘻嘻哈哈。中场休息的时候在更衣室，刘玉栋忍无可忍地大吼一声"你们不打就给我下去！"

那是刘玉栋唯一一次在队里发火，在场的人全都鸦雀无声，呆呆地看着他，这还是当年那个看上去憨憨的，留着一头长发的乡下青年吗？

教练第一次意识到，大栋不再是从前的大栋，他已经长大成人了。

吴忻水说，"那些年刘玉栋在场上都是主要的得分手，当时比赛我们的布置就是，只要球能传到刘玉栋那里，我们就放心了。"

由于拥有超强的心理素质、稳定的手感和一颗大心脏，刘玉栋屡屡在关键时刻上演绝杀好戏。1993 年东亚运动会男篮决赛中，面对老对手韩国队，在比赛还剩 30 秒时，刘玉栋投中制胜一球，帮助球队以 81∶79 获得冠军；在 2001 年九运会决赛中，面对姚明领

衔的上海队，他又在比赛还剩 1 秒的时候出手命中三分球，帮助球队获得了九运会的冠军。

"绝杀的技巧，得有非常好的心理素质，非常冷静地处理球，而过硬的技术和信心都来自平时训练的积累。平时训练有把握 100% 地投进，那么有人干扰起码 80% 能投进。平时对自己要求很高，关键时刻就会有信心。后来关键比赛，即使是对手封的全是死角，也能投进，这就是自信心，实战经验。"

刘玉栋的绰号也一直在发生着变化。

八一队夺得 CBA 2006—2007 赛季总冠军后合影

1997 年，1998 年，能跑能跳的他在场上横冲直撞，被叫作——坦克；

后来因为他在比赛中稳定的发挥，被称为——定海神针；

2000 年左右的时候，他不畏伤病、越战越勇，在球场上出神入化，令人印象深刻，高山仰止，外界开始送给一个新称号——战神。

亮　剑

《宁波晚报》的记者曹歆从 2003 年 1 月开始成为八一男篮的跟队记者，场场必到，无论主场客场，算得上是和八一男篮最为熟悉的人之一。

她说最适合八一男篮的一段话是在小说《亮剑》中看到的：任何一支部队都有自己的传统。传统是一种气质，一种性格……不管岁月流逝，人员更迭，这支部队灵魂永在。事实证明，一支具有优良传统的部队，往往具有培养英雄的土壤，英雄的出现往往不是由个体形式，而是由群体形式出现……

如果从联赛开始计算，八一男篮应该分为三个阶段。

1995 年开始的六连冠是第一阶段；

2000 年王治郅去 NBA 以后是第二个阶段；

王治郅离开以后再回来，到现在，过去几个赛季是第三个阶段。

战神
刘玉栋

1994 年，CBA 实行职业化联赛的第一年，当时八一队虽然拿下了前一年的全运会冠军，但并不是一枝独秀。那时候包括辽宁队、北京队、前卫队成绩都不错，都有可能是八一男篮的潜在对手。

李楠回忆说："我们打职业比赛的第一个赛季，总决赛打辽宁，眼瞅着都要输了，那时候刘玉栋受伤了，韧带断了，那场比赛我们守联防赢了，挺提气的，转过去在辽宁主场就给他们拿了。那个时候我们在场上比赛，比赛落后，相持，能抗得住，不光是进攻，还有防守。防守不是一个人防，有时候是四个人、五个人一起。防守投入比较多，用心，团队的凝聚力就慢慢起来了。"李楠说："那个时候八一队一直拿冠军，这种东西就是这样，越赢就越想赢，就想通过各种方式把冠军拿回来，这应该是一种良性循环，荣誉的东西就是这样。会推着你往前走。"

李楠是在 1995 年进八一队的，他进八一队的时候并不是绝对主力，当时在他那个位置上还有张涛、张劲松，以及刘德刚，四个人抢两个位置。1995 年年底李楠入选国家队，那个时候正式确立了他的主力位置。

"随着训练和比赛越打越好，尤其是他的三分，堪称百步穿杨，成为八一队另一个强大的力量。"吴忻水说，"李楠是后来比赛打出来的，这就是优秀团队相互激励的作用。"

八一队氛围很好，竞争很激烈，对抗水平很高。平时训练分成的两组，实力差不太多，大家打起来之后，为了争胜，真能打急。八一队整体实力能提高，保持整体优势，和这种氛围密不可分。

"要成为优秀的运动员，这种'争强好胜'是基本上要具备的，才能有竞争的意识。"

实际上，李楠1991年上一队之前，包括上国青，他的训练都十分刻苦。他说："自己出了一冬天的操，训练跑、篮板、投篮、运球，效果还是挺好的。"后来上了国青，也都是自己加练。当他一到八一队，就发现自己来对了地方，在这里，加练成了家常便饭，没有人会放松对自己的要求，头天打完比赛之后，第二天上午，都会自觉去训练馆，他在那里分别碰到过王治郅、遇俊楷。

八一球员自觉加班训练已经成为一个传统，训练严格更是在篮球界出了名。严到什么程度呢？在训练场上你看不到球员说笑，一堂训练课下来，球员身上的汗水，比打一场比赛还要多。王中光、胡克等20岁出头的年轻队员，是球队的新生代，年富力强，体力没说的，可在训练中王中光曾练得腿抽筋，胡克练得低血糖。

有一次八一队到广东打客场比赛，赛前训练时，一名脚踝受伤的球员在训练场外溜达，教练张斌马上把他叫进了训练场。八一队的规矩，只要到了训练场，就不允许有闲人，下肢受伤练不了，可以练上肢。所以，当你走进八一队的训练场，看到有伤的球员还在训练时，这没有什么奇怪的。

像这样的"拼命三郎"，八一队实在太多了。

一位解放军总部领导曾感叹，我佩服八一男篮队员的不服输劲头，这是我军在完成人民赋予使命时所必不可少的精神。在男篮队员的身上，他们体现出的奉献精神更是朴实得感人。一个赛季，从

头年 11 月 20 日一直到决赛打完的次年 3 月 19 日左右，全队只在春节时放假 3 天，其余时间一律在宁波和外地训练比赛。刘玉栋、范斌和阿的江等老队员都已经有了孩子；即使在当年张劲松、李楠新婚不久，可他们也仍旧和其他队员一样埋头苦练，几次比赛路经北京，都没有回家看看。这样的事情对他们来说已经是家常便饭。每当问起他们为什么几过家门而不入时，几乎所有的队员都憨厚地一笑，领队、教练和我们都一样。

刻苦训练只是一支冠军球队常胜的秘诀之一，团队的凝聚力则是另一方面。

在八一队，没有绝对主力，只有相对主力，谁状态好谁上，队员之间在相互竞争的同时，增长着自己的技战术水平。尽管王治郅是八一男篮名气最大的球员，但是从 1994 年职业联赛开始，看技术统计，八一队的几个主力，刘玉栋、李楠、张劲松，包括后来的王治郅全都得分均等，相差无几，可见八一队在场上不会只是集中在一个得分点上。

中央军委授予八一男篮"团结拼搏的体坛劲旅"荣誉称号

"我们老一代的

八一队就养成了习惯，不会计较谁的得分多谁的得分少，我们一般没有什么得分王，大家实力都很平均，东方不亮西方亮。刘玉栋希望让队友多得分，他自己又得分，队友得分还能减轻他的压力。"吴忻水说："八一队即使在场下有了矛盾，但是一旦比赛，大家都会为了集体的利益而全心全意去努力，无论场上场下，让我干什么都行，因为大河有水小河满。刘玉栋多年来一直冲在比赛的第一线，起着'定海神针'的作用。比赛时只要把球交给刘玉栋我就踏实了，这是因为刘玉栋在比赛中心无旁骛，特别投入，特别负责，又有过人的能力。每个球很负责任地去做，能够感染其他队员。"

在 CBA 有个说法，任何一支球队，只要对手是八一队，哪怕领先了 20 分，不到终场也绝不敢松口气。主教练阿的江说过，只要有 1% 的希望，就要出 100% 的努力。在其他俱乐部看来，八一队不仅仅是顽强，简直是在"玩命"。

刘玉栋在 2001—2002 赛季膝盖都弯不了，还坚持打完一个赛季，最后掏出 11 块碎骨，这件事情曾经震动整个篮球界。

但是刘玉栋说："在我们这种环境和球队里面，处在我这样的情况，做这样的事情很正常。"

有一年在广东打俱乐部杯赛，以胡克、王中光等年轻球员为主的队伍，在一场比赛中赢了对手不少分，后来又被对手大比分扳了回去。主教练阿的江认为这不是水平问题，是意志问题。比赛结束，他让参赛的年轻球员从比赛场馆跑回驻地。在驻地的大门口，阿的江面对气喘吁吁的球员们说："我们希望这样的罚跑是第一次，也是最后一次。"果真打那以后，罚跑便成为队中的"最后一次"。

战神
刘玉栋

"拼命三郎"张劲松是这支"玩命"球队当中的典型

被大家广泛赞誉为"拼命三郎"的张劲松，是八一队中年龄最大的球员，浑身是伤，满脸是疤。每一堂训练课结束，每一场比赛下来，你会发现"老张"的背比以前弯了一些，可只要一走上比赛场，你又会发现现在的"老张"和十年前的张劲松并没有什么两样，满场飞奔，拼得生猛，毫不惜力。

有一年的总决赛，张劲松在篮下与广东队的王仕鹏争夺篮板球，只听到喀嚓一声，右胳膊被拉伤了。痛得呲牙咧嘴的张劲松下场进行治疗，短暂休息后咬咬牙，又拼搏在赛场上。那一年的总决赛第五场，张劲松的右胳膊又被拉伤了 3 次。拉伤了治疗，缓过来后再上场。在比赛的最后时刻，张劲松仍举起了他有伤的右胳膊，站在 3 分线外，顽强地把球投进了对手的篮筐。

从决赛赛场走下来，张劲松说了一句非常血性而又意味深长的话——都拼得身体受不了，但受不了，也死不了！

2002—2003 赛季，人们发现"小李飞刀"李楠在总决赛的得分少了，但没有人知道李楠是带伤带病上阵的，发烧 38.9 度，打了两天吊针还上场打比赛，恐怕只有李楠这把"老刀"敢出鞘。在常规赛的后期，李楠的左膝膑腱拉伤，尽管休息了 6 场比赛，可到了季后赛还没有好彻底。更要命的是，左膝没好彻底，比赛时不得不把重心放在右腿上，这不仅影响了投篮，久而久之，负担过重的右膝居然也出了毛病。每堂训练课下来，每一次比赛结束，李楠都要马上用冰袋冷敷两个膝盖，否则，明天就有可能走不动路了。

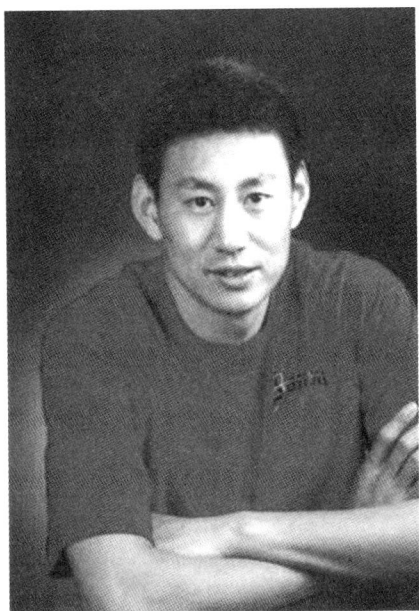

伤病缠身的老将李楠是铁血八一中的中坚分子，当他冲锋陷战时，没有几个人能与之抗衡

就是这位伤病缠身的老将，打起比赛来还像小伙子一样冲锋陷阵。

在八一队，没有明星，只有团队。

1996—1997 赛季比赛中，有一次八一队同上海队交锋，当地媒体对大郅和姚明谁是篮坛第一中锋大加炒作。比赛中，大郅脑子里只顾同姚明叫劲，没有认真贯彻教练的意图，影响了全队的防守效果，教练毫不客气地把他换下场。后来，队里竟然做出了对大郅停赛反省的处理。

还有一次，在八一队同辽宁队的比赛中，刘玉栋因对方的一个小动作不满而发火，将对手推倒在地，自己被判罚下场。比赛刚结

束，刘玉栋的检查便送到了队里。检查中他首先谈的不是自己要受到罚款，而是把全队的荣誉放在第一位。他说："我错了，给全队抹了黑，下一场决赛可能上不了场，对不起大家，请给我处罚。"

主教练阿的江说："不是哪一个人或哪一批球员造就了八一队，而是八一队这个集体造就了一批又一批优秀的球员，形成和传承了令人赞叹的传统和队魂。"

资深记者杨毅也在他的文章中感叹说："CBA中的巅峰球队，其中我最熟悉的便是八一。记者总喜欢写道'王者八一'，因为我从没见过另外一支CBA球队，可以在极其关键的比赛之前像八一那样安然和随意。他们并非不重视对手，他们也并非总是比对手强大，但他们永远有一种令人惶惑的自信和气势，就在笑容和静默之中。气质这样的东西，真不是一两场胜利，或者一两个冠军就可以铸造出来的。"

黄金一代

在那一届世锦赛上发挥最出色的胡卫东、郑武、孙军、吴乃群、巩晓彬、刘玉栋……这一拨人成为了日后CBA的中流砥柱，大家都称呼他们为"黄金一代"。蒋兴权教练带过许多篮球天才，但每当提及当时这一拨队员时，他的语气最为自豪。

中国乔丹

刘玉栋记得是在1988年去国青的时候第一次看见胡卫东，那个时候他一下子就把传说和真人联系在一起。

"感觉他比较瘦，技术很好，他投篮好像靠的是神经记忆，因为练得早，是童子功。那算得上是肢体的记忆功能，所以他投篮有时候不是靠眼睛，是靠感觉，在我们那一拨球员中属于技术比较成熟，扎实，他从事这个行业比我们更早，身体条件也好，大赛经历比我们多得多。江苏队本来就是传统的强队，我们福建队则是传统

的弱队，接受的信息和观念和人家肯定是有差距的。"刘玉栋回忆说。

1991 年，年仅 21 岁的胡卫东入选了国家队。一年之后，胡卫东便代表中国男篮参加了巴塞罗那奥运会。在第一场与安哥拉的比赛中，胡卫东便获得了出场机会。

七运会使刘玉栋一战成名，同样，七运会也是同龄的胡卫东处在身体状况最好的时候。

胡卫东首次参加全运会是第七届全运会，当时他 24 岁，已入国家队两年。

有人说，胡卫东在 1993 年的七运会前如果有机会去 NCAA 的话，也绝对可以打出一片天空。

那个时候的胡卫东意气风发，得分、篮板、抢断、三分……被誉为"中国乔丹"的胡卫东无所不能。"具体的数字我不记得了，但是七项指标中六项我都是排第一的。"胡卫东说，"那时候的媒体力量没有现在这样强大，所以很多事情都没有记录。"他感叹自己当年还时不时有扣篮的杰作，甚至是空中接力，"那时候身体还好，没现在这么多伤病，做个空中接力什么的根本不费事，我也是全运会上唯一能做到这动作的 (球员)"。

七运会上，江苏队在半决赛输给了辽宁队。用胡卫东的话说，江苏男篮总是"老三的命"。

八一队夺冠，辽宁队第二。面对比赛结果，刘玉栋清楚地记得，"当时是我最巅峰的时期，一场比赛拿下三四十分都算不上什么。但是光靠我一个人也没有用啊！解放军队和辽宁队都属于不突出个人，但整体实力超强的球队。"

在 1990 年第一次入选国家队后，刘玉栋因实力、因伤没能参加 1991 年的亚锦赛和 1992 年的奥运会，几次参加集训都最终落选，成为看客。1993 年初，巩晓彬离队，只有辽宁的吴乃群与刘玉栋争夺主力位置。在这一年的东亚运动会上，状态奇佳的刘玉栋光芒四射，在与韩国队的冠亚军争夺战中，最后 30 秒时投中一球，帮助中国队以 81 比 79 打败老对手。在中国队首战美国职业联队的比赛中，刘玉栋出场 30 分钟拿下全队最高的 28 分。刘玉栋从此坐稳了国家队主力的位置。

孙军和刘玉栋差不多同一批进入国家队，他们和胡卫东三个人走得比较近，无论是训练还是比赛都互相照顾。老大哥吴庆龙非常欣赏这三个小兄弟，在国家队的日子里，老吴一直照顾着他们。胡卫东说，"那个时候在国家队，我们四个是形影不离的好朋友。用现在时髦的话说就是 F4。孙军打球跟他做人一样，不紧不慢的，

黄金一代

战神
刘玉栋

非常实在，我们都叫刘玉栋"野人"，打球不讲理，平时生活也有点这意思，我呢，那个时候身体比较好，突破、扣篮是我的强项，那个时候我的三分远投没有他们准，都是后来练出来的。"

论刻苦，队里每个人都憋足劲。每次教练要求年轻队员提前去训练，而当刘玉栋去的时候，已经有人先到了，那个人多半就是郑武。论天赋，胡卫东是大家口中"为篮球而生"的那个；论"神经记忆"，巩晓彬、孙军、胡卫东个个都出身体育世家。他们从小就被培养，将来要到国家队打球。从有记忆以来，他们就朝向此目标努力，同时也不断地有人在鞭策或是鼓励他们。像这样的球员进入到国家队以后，他的一举一动就好像都是理所应当。唯独刘玉栋自己觉得，他是既没有什么遗传，也没有任何背景，只是和他们相比，15 岁之前的无拘无束生活带给他不一样的视野，让他明白篮球能真正带给他的是什么。

到现在刘玉栋都能记得连续三次都只能止步于国家集训队名单，"练啊练啊练，但每逢比赛听到念最后入选名单，胡卫东是永远铁定的那个，只有我每次到最后一准都被刷下来。那应该算是我当年最大的挫折了。"

刘玉栋的好强心第一次被激励起来，因为在他的周围，人人都在"玩命"。

最吃亏的是，刘玉栋和孙军、胡卫东是一样的身高，可他竟然打的是中锋。"印象最深刻的是国青那一年，每天在场上和人家撞得我内脏都痛，我不知道其他人，反正我自己练得很吃力。"

　　位置的问题一直都是刘玉栋一个特别吃亏的地方，常常都有人问为什么同样的身高，胡卫东、孙军、郑武打的是小前锋，刘玉栋打的不是中锋就是二中锋。

　　黄紫波曾经解释说，那个时候福建队缺的就是高中锋，1米98的刘玉栋就算是个子最高的。刘玉栋觉得，"我练的位置经比较吃亏。福建最早让我打中锋，打的位置和环境和教练有关，在那我是数一数二的大个，但是历届国家队队员这个位置我是最矮的，特别吃亏。没有特别系统的训练，不是根据我的身体条件去量身订做，而是根据队伍需要去打的，假如一开始让我打三号位就好了。李楠一开始也和我打同一个位置，后来去八一队就改了，和我一样高，拉到外线去打；朱芳雨也是，改得比较早，都是四号位改的，所以他们有时候篮下也能打，（远投）篮子又准。"

　　因此，在年轻还没受伤的时候，能跑能扣也曾经跟风一样的刘玉栋选择了任劳任怨地听从球队的安排。同样，也正是这种身高的差距，使他在国际大赛中面临动辄就2米十几的中锋非常吃亏，不过那又是后话了。

孙军和刘玉栋

战神
刘玉栋

　　孙军在他的《篮框记忆》当中有这样一段对于篮球的思考："人之所以成为万物之灵，不在于他掌握了多少的技能，而是在于他有思考的能力，人不能被同一块石头绊倒两次。"同样，刘玉栋不会忍受自己在篮球场上犯同样的错误，如果这场比赛因为传球失误了，下次就会注意更精妙的角度，这场比赛被人上了个篮，下一场，下一节，一定得找回来！

　　或许是因为这种理念上的相同，不知不觉，刘玉栋和孙军成了国家队最好的朋友。

　　1999—2000CBA赛季，第一场江苏败给了八一，没人惊奇。第二场，江苏与南京军区交战。胡卫东上半场拿下27分，全场42分，命中9个三分球。那个赛季的胡卫东，最惯常的是这种打法：队中的唐正东或者克里斯·安德森过来掩护，胡卫东左手侧运，急停，起跳，三分球。电光火石的刹那，没等补防，三分已出手。如果对方补防，胡卫东则直接切底线。谁都知道，胡卫东的突破，中国很少有人跟得上。如遇对方底线双重包夹，他便分球到另一侧底线，把球分给另一个投手张成。

　　江苏队的打法就是这样，——胡卫东，单打式的三分球，利用瞬间空当的三分球。看上去"很不合理"，但是却可以赢球。在上海卢湾体育馆，胡卫东砍下44分。当时体坛周报标题是"胡卫东血洗上海滩"，所有人都认定他是这个赛季的MVP。七项技术统计当中他有四项第一：得分王，三分王，助攻王，抢断王。另三项第一：篮板、盖帽和扣篮，归姚明所有。最后，篮协说：球队成绩在前 4 名之外的队员不能得 MVP，于是，MVP 归王治郅所有，因为江苏第八名。

1996 年的亚特兰大奥运会是胡卫东最辉煌的一届，当时胡卫东正值运动生涯的巅峰，同时那一届国家队还有许多优秀的球员，最终这支队伍打进了前八名，取得了中国男篮在奥运会上的最好成绩。

那届奥运会，中国男篮与美国梦之队同组。要想进入前八，中国男篮只能战胜另外两支球队安哥拉和阿根廷队。与美国队的比赛，虽然中国男篮大比分输给了对手，但在那场比赛中，胡卫东在外线频频得手，其中有一个球，胡卫东抢断之后，在罚球线里一步起跳，愣是在大名鼎鼎的皮蓬头上爆扣一记，这个扣篮更是技惊四座。1998 年，善于发掘国际球员的老尼尔森通过对胡卫东的长期观察，决定提供给胡卫东一个机会。

2000 年 3 月 17 日，魔术队又给胡卫东发来了一纸传真，希望胡卫东签一个 10 天合同。时间是从 3 月 21 日至 31 日期间，10 天酬金为 17757 美元，每天还提供 88 美元交通费用。老尼尔森说，正是那场比赛让胡卫东彻底打动了他。

亚特兰大奥运会，胡卫东一战成名。

在那样一个时代，胡卫东几乎符合中国人心目中喜欢的那种"英雄"形象，他让那些渴望一夜成名的孩子寄托了许多虚假的希望，以为都能像他一样少年成名，凭着聪明在球场上游刃有余，而无须像个工匠般日日夜夜地一点一滴地付出极大的耐性。

战神
刘玉栋

从这个角度，刘玉栋太不符合这种偶像的标准。他的对外交际能力就像他从不熟练的普通话一样。他潜意识地躲避一切来自别人的关注，他太过于务实，与其扣中那些花哨的篮，投中那些飘逸的三分，他更愿意务实地在篮筐底下守候，哪怕一次次地被撞伤，被撞飞。

资深篮球记者刘骁从 1998 年开始采访篮球，第一次看见刘玉栋是在 1999 年的长春卡伦湖。那个时候的刘玉栋因为外形颇为引人注目，"他长得浓眉大眼，每次只要他在电视上一出现，我表妹就高兴"。同样，他的球技也到了与孙军齐名的地步，不过在胡卫东、刘玉栋、孙军三个人当中，刘玉栋显然是最低调的那个。"孙军的特点是突破，胡卫东的特点是外围三分和飘逸的扣篮，刘玉栋就是他永远的投篮。"

刘骁亲眼看见，长春那些喜欢篮球的孩子们一边高喊着胡卫东"中国乔丹"，一边模仿他扣篮的动作。无论是在那个年代还是现在这个年代，动作的花哨，小个后卫永远都是年轻人更乐于追求的东西。"刘玉栋绝对不是那种一上来就让人迷恋的球星，他后来的名气完全是靠他自己一点点给磕

浓眉大眼的大帅哥

出来的。"

无论如何，这两位并不是同一位置，却完全代表了两种类型的新星即将在未来的 10 年中主导中国篮坛，上演了不朽的传奇。

入选国家队

1988 年，中国男篮在汉城奥运会上仅两胜埃及队，在 12 支球队当中排名第 11 位，男篮换血势在必行。加上 1990 年亚运会之前，中国男篮又没有什么大赛的任务，因此一大批状态下滑、巅峰期已过的老将退出国家队，年轻队员顶上来的消息不胫而走。

首先是教练班子全部换掉，在国家队主教练椅上坐了 16 年的钱澄海正式离任，辅佐他打奥运会的张卫平去了美国。新组建的教练班子全部来自地方，孙邦因为执教南京部队战功显赫而成为国家队主教练（此后不久他就因病告退），南京部队在孙邦的调整下多次获得全军篮球赛、全国锦标赛、篮协杯赛的冠亚军，成绩一直稳居全国前三名。

肖光弼的"预言"成真了，刘玉栋也就在这一年得到了国家队的入选通知。

1990 年年底，有一天训练结束，教练把刘玉栋叫到一旁，告诉他去国家队报到，他觉得血液都冲到头上了。

"当时国家队教练是蒋兴权，队伍是在柳州冬训。蒋兴权教练以带队严厉著称，那个时候能入选国家队是寥寥无几，顶多十五六

个人。"

　　这并不是刘玉栋第一次见到主教练蒋兴权，在那之前的国青队，他已经入选过一次，但是那个时候队里有早已成名的孙军、胡卫东、巩晓彬，他只是默默无闻的一个。他不知道的是，其实蒋指导对他也有印象，"刘玉栋刚来国青队的时候，因为福建很少有篮球人才，当时刚改革开放，他还留个长发，人倒是挺朴实的，身体条件又好，但是篮球基础没法和吴乃群、巩晓彬相比，毕竟福建的篮球水平要比山东、辽宁差。"

　　进到国家队，蒋兴权给刘玉栋的第一个考验很快就到了，有一次比赛，刘玉栋的准备活动做得不算太充分，上场打了一会就崴了脚，"一般人理解不了什么叫第一次崴脚，痛得撕心裂肺，我眼看

能进入蒋兴权执教的国家队，成为刘玉栋职业生涯的第一个考验

着脚上的血管一下子全爆了"，可是这时候蒋兴权的视线仿佛只落在了远处的篮框上。

他只问了刘玉栋四个字，能不能上？

刘玉栋一咬牙，"上！"

蒋兴权第一次对他刮目相看："好了，你休息吧。"

可是从那以后，蒋兴权对刘玉栋有了基本的认识。"他特别敢打敢拼，因为有只耳朵有问题，有时候跟他说什么听不见，只顾闷头在那里打，进攻意识特别强。他来了没多久，就能感觉出他进步很快，当时我们去欧洲、中东什么的比赛，不管对手是谁，他作风特别硬朗，当时就能看出他篮子特别准的特点，我们也是想要重点培养他的。"

无论是媒体还是队员都了解，蒋指导带队有两个突出的特点：一是管理严，无论新队员还是老队员，在队里的规章制度面前一律平等，不讲情面，他要求的是队员绝对的"专注"。二是训练量大，他是"三从一大"方针的坚决拥护者和执行者，坚信大运动量训练是出成绩的关键。

那个时候，统治中国体育界的是"三从一大"的训练指导方针，具体而言就是从严、从难、从实战出发进行大运动量训练。围绕这一方针，国家队的训练量大得惊人，把重点放在身体素质训练、防守训练、三分远投训练、中锋防守和内线强攻训练上，每天训练五个半小时到六个半小时，星期天也不例外。每天保证一个小时的身体训练，一个半小时的防守训练，每天要投中 200 个三分球，早操完成 3000 米的速度耐力训练，平均每天要跑 13000 米，

战神
刘玉栋

整个冬训下来差不多要跑 400 多公里。

说起来蒋兴权和那个年代的许多教练相同，工作认真，做起事情一丝不苟，如果有什么差别，那就在于他好像连脸上的每道皱纹都是经过严格训练出来的。他坚信，"严格的训练能够造就人才"。

当然，后来篮球圈也有部分人对"三从一大"提出过"是否人性化"的异议，但不可否认的是，那些年蒋兴权就是凭借这种方式带出了最好的一代球员。

刘玉栋回忆说，当时在蒋指导的带领之下，每年都要去柳州参加冬训，练了四五年，年年都去，一天三练，每天早上起来就跑 2000 米，那种生活真是"枯燥"极了。每天晚上七八点，训练结束就只想倒头大睡，总觉得睡不够。有时候早上睁开眼睛的时候，就能听到外面那种哗啦啦扫大街的声音，那种声音响起来就意味着离起床不远了，偶尔一次两次，真的不想爬起来，多么希望外面下大雨啊，那样至少可以不用出早操。

这种生活并不是每个人都忍受得下来，但是能忍受下来的，全都被生生地打造成了"钢铁般的意志"。回

钢铁是怎样炼成的？ 靠的就是蒋兴权的严格和铁腕

想过去，刘玉栋常常拿那个时候的训练来开玩笑，"那个时候的训练都挺过来了，没什么比那个更苦的了"。

蒋兴权回忆说："现在看来，要出像黄金一代这样一拨的人，和训练很有关系，那时候国家队练很长时间，是赛会制，虽然现在有人批评'三从一大'，但是那个时候这种方式是科学的，要重视训练，队伍才能进步快些……实际上现在看来刘玉栋他们那拨的身体条件不算特别突出，没法和现在的年轻人相比，最高的是单涛，下面就是吴乃群、巩晓彬，但是他们的特点都很突出，训练出效果，国际比赛咬得准。"

现在的蒋兴权已经是年过七十的人，但他又重新担任起了新疆广汇的主教练。可能是由于从国家队主教练的位置退下来许多年，他看上去依然精力充沛、神采奕奕的样子，也早就没有了那种让队员不寒而栗的严肃……他就像是那个时代的一个标志，因为有他这样的教练，才会有那样一拨队员——简单、服从、专注。

1993 年 12 月 24 日，一年一度的冬训又在柳州开始了。这次的冬训与往年有了一些不同，周一、三、五的早操 3200 米，准备活动 2 圈，跑 8 圈，再投半个小时的篮，每周多了一次政治学习和一次业务学习，显然，这是为了适应世锦赛的需要。

亚洲冠军已经再也提不起中国人的兴趣了，中国篮球需要的是在世界大赛上取得突破性的成绩，具体说就是在世锦赛或者奥运会上进入前八名。任务交给了这一届的中国男篮，完成任务的时间就定在 1994 年 8 月份的世界男篮锦标赛。

战神
刘玉栋

1993年亚锦赛，中国男篮开始新老交替。由于蒋兴权不放心内线，因此在亚锦赛完成任务之后，又进行了小的调整。张斌、欧阳贵景、巴特尔离队，取而代之的是巩晓彬、纪敏尚和前卫队的后卫刘大庆。吴庆龙、阿的江、吴乃群、刘玉栋、单涛、胡卫东、郑武、张劲松，这些人后来组成了参加世锦赛的国家队阵容。

蒋指导带队有个特点，哪个队都想赢。但那个时候不像现在有球探，能上网，有这么多的信息，但只要他临场看一场比赛，就会传达他的自信。

但是中国男篮职业联赛尚未开始，对国外球队没有任何了解，没有球探，国际比赛打得很少，国内更没多少比赛，国家队队员没什么信心。

3月底到4月中旬，中国男篮陆续和国内的一些球队热身，以期检验冬训效果。但是只能找到一些业余球队当对手，并没有起到任何检测队伍的作用。

7月20日，全队飞赴俄罗斯的圣彼得堡，出征友好运动会。

在队员眼里，这是一次难得的练兵机会，因为参加友好运动会的球队都是来自各大洲的冠亚军球队，与中国男篮交手的俄罗斯、美国、巴西、阿根廷和加拿大队几周后都将在世锦赛上亮相，而且美国和巴西队还将与中国男篮同处一个小组，中国男篮刚好可以利用这次机会找出他们的弱点。

前三战中国男篮打得虎虎有生，但因为实力不济，接连败给了俄罗斯、阿根廷和美国队。第四场比赛中国男篮将挑战世锦赛上的对手巴西队。

队员们认为，中国男篮与巴西队的实力相当，打起来胜负难料。在赛前准备会上，蒋兴权也告诉大家要全力以赴。但比赛开始后，中国男篮就发现不是那么回事儿了，大家处处被动，教练十分频繁地调换队员，但半场盯人防守的战术却一直没变。下半场时中国男篮落后 30 多分，教练竟然还换下了阿的江和吴庆龙，让前锋张劲松客串起了组织后卫，中国男篮最后竟输给了巴西队 49 分。最让中国男篮队员们不理解的是，教练为什么在临场指挥中犯下这么多显而易见的错误。

最后一战中国男篮毫无斗志，因而毫无悬念地又输给了加拿大队。

友好运动会五战五负，因为国内有电视转播，所以好多队员的家人和朋友看了比赛之后纷纷质疑中国男篮，你们打得为什么这么差？你们平时都是怎么练的？

解开这个谜底的是蒋兴权，他在总结会上和盘托出他的妙计：与巴西队打比赛要多了解对手，少暴露自己的水平，所以场上队员要全力去拼，但战术上必须要有所保留。中国男篮这次把拳头缩回来，是为了在世锦赛上痛击巴西队！

黄金一代初具雏形

1994 年的 8 月，多伦多的盛夏，中国男篮满怀希望地奔赴世锦赛。

说是要进前八，可进前八谈何容易。亚洲球队最后一次进入前

八是在 1954 年，当时的菲律宾获得了世锦赛的第三名。

此后 35 年里，亚洲球队一直在八名之外徘徊。中国男篮此前最好的成绩只不过是第九名，是由张勇军、王非、张斌、孙凤武那批队员在 1986 年创造的。

这次世锦赛共有 16 支球队参加，他们被分成了 4 个小组，每小组的前两名进入八强。与中国男篮同组的是美国的梦二队、欧锦赛第五名西班牙队和南美冠军巴西队。

形势明摆着，梦二队不可战胜，想进前八只有拼掉西班牙和巴西队一条路可走。

世锦赛与中国同组的巴西开始沾沾自喜，当地媒体对小组出线的预测文章中，乐观地认为巴西和美国是本组出线的两支球队，在小组的球队介绍中，甚至对中国男篮只字未提。

正因为在友好运动会上大比分败给巴西，中国队出征世锦赛前，国家体委没有给球队下任何名次要求，只要求队员放开去打就可以。作为球队主教练的蒋兴权对队员们提出了一个小要求："只要赢下第一场比赛（打巴西），我们这趟就没白来，就算是胜利了。"这是蒋兴权给球队，也是给自己提出的唯一期望。为了鼓励大家，蒋指导还许诺全体队员：如果第一场战胜巴西，第二天就带全队到多伦多当地去玩。

第一场小组赛中国男篮就遇到了巴西队，不用动员，大家就憋足了一口气，想报友好运动会上的一箭之仇。

巴西队的特点是身材高大，对抗能力强，队伍结构好，内外线都有，但主要还是以外线为主。

　　这场比赛的首发阵容是中锋单涛，大前锋吴乃群，前锋孙军和郑武，后卫是阿的江。这个队伍也是其后世锦赛期间中国队的首发阵容，一般这一阵容能保持八九分钟，打得顺利的话能超过十分钟，接下来的换人是用胡卫东换下孙军或郑武，用吴庆龙换下阿的江，用刘玉栋或者巩晓彬换下吴乃群，常上场打球的基本上就是这些队员。

1994年的多伦多世锦赛，到今天看来那些镜头仍然值得回味

当时的吴乃群投篮比较准，非常积极，篮板球意识也很好；巩晓彬身体条件好、聪明、有经验；刘玉栋则是敢打敢拼，作风顽强，半截篮比较好。首发一般是吴乃群或巩晓彬，然后三个人轮流上。

巴西队没把中国男篮放在眼里，他们是带着打猎的轻松心态上场的。当他们发现本该轻松到手的猎物突然变成了下山猛虎时，他们开始急躁了，一会儿将主力全部换下，见没什么效果，又赶紧将主力全部换上。上半场，中国男篮以38：30领先。

但是中国队防守很吃力，身高、个头都比人家小，还是防守反击处理得比较好。刘玉栋记得自己防的都是二米一十几的大个头，动辄就能有两百多斤的大胖子，"内线本来就是薄弱的环节，一般都是靠外线得分，内线靠防守。我们的韧劲和不服输精神这时全用上了，因为平时蒋指导灌输比较多。"

巴西队毕竟还是一支强队，下半场他们很快稳住了阵脚，开场仅6分钟就将比分扳平，此后两队的比分交错上升，到终场前17秒时，巴西队领先中国男篮两分！千钧一发之际，郑武接刘玉栋的传球中投中的，场上比分变成77平，而此时全场比赛仅剩两秒就要结束！

双方进入加时赛。

巴西人万万没有想到会被中国男篮拖进加时赛，在加时赛里他们频繁犯规，结果胡卫东在5分钟内罚篮10罚10中，再加上中国队全队出色发挥，彻底打垮了巴西队，97：93，中国男篮开局大捷！

接下来与美国梦二队的比赛没有什么悬念，77：132，中国队如预料中那样败下阵来，奥尼尔、米勒、坎普领衔的梦二队同梦一队一样生猛，中国男篮只是满足了一下与 NBA 球员比试比试的愿望。

刘玉栋那个时候，还有些"初生牛犊"的劲儿

但是在首场战胜巴西之后，蒋兴权的思想就变了，有了野心，他开始掂量着：巴西都赢下了，那么西班牙……

于是，全队的游玩计划被取消了。中国队开始孤注一掷地备战与西班牙的关键一仗。论实力中国男篮不及西班牙，但是西班牙犯了和巴西同样的错误。

刘玉栋记得，比赛之前蒋指导看了人家的比赛，当时就有意识在训练当中加强快攻和远投。"反正我们当时是年轻队员，抱着梦想去，没有那么大的压力。"

与西班牙队的最后一场小组赛才是事关前八的生死战，因为此前中国和西班牙男篮两队都是一胜一负。据说友好运动会时，西班牙队的教练曾专门到赛场观看中国男篮的比赛，但看了一半他们

就提前退了场。直到中国男篮战胜巴西队之后，西班牙人才紧张起来，他们的教练甚至还几次扮成记者询问中国男篮队的情况。

"西班牙队的两个前锋比较有威胁，惯常的招式是掩护之后突破中投，针对这一特点，蒋指导在赛前的准备会上特地布置我、郑武和胡卫东要注意协防，同时防守抢位一定要快。"刘玉栋说。

比赛一开始，中国男篮打得有些拘谨，快攻打得少，阵地战打得不开，组织后卫也打得保守一点，尤其是区域联防效果一般，上半场中国男篮落后 15 分。骄横的西班牙球员在下半场刚开场就撤下了全部主力，对手这一做法，惹怒了血气方刚的东北人蒋兴权。接下来的暂停，他对队员谆谆诱导："上半场中国男篮没有发挥中国男篮的水平，而对手是超水平发挥，只要大家在下半场耐心寻找机会，不管用什么方法，咱们争取 5 分钟赢 5 分……西班牙队必然自乱阵脚，接下来 10 分钟就赢 10 分，15 分钟就赢回来了 15 分，剩下 5 分钟解决问题……"

刘玉栋觉得蒋指导的指示足以成为中国篮球史上的经典。"西班牙准备比较充分，吸取巴西的教训，但是他们没有想到我们输了 15 分，没有放弃，中国队在国际篮坛上没有名气，说来说去他们还是轻敌了，这应该是我在国际比赛上学到的一个最大的启示。"

果然被蒋指导言中了，下半场中国男篮继续采取半场扩大盯人、全场紧逼的战术，果然发挥了功效。孙军的突破、刘玉栋的中投，郑武的远投连连奏效，没 5 分钟，中国男篮便把比分差距缩小到了 10 分。

西班牙的教练坐不住了，站在场边一顿狂吼。当时场上的节奏被中国队控制住了，全场的紧逼，快攻非常明确和果断，与此同时，西班牙的队员非但没有醒过神来，反而愈加糊涂。中国队在吴庆龙的组织下越打越顺，孙军、胡卫东和吴庆龙竞相投中 5 个 3 分球。

中国队更加积极地冲抢篮板，比赛还剩下 6 分 50 多秒的时候，单涛五次犯规被罚下，刘玉栋替补上场，防守对方大中锋——13 号马丁内斯，在此前他已经拿下了二十几分。

当比赛还剩下 1 分钟的时候，西班牙已经将比分追成了 67∶68，蒋兴权换上郑武，西班牙两名队员在左边边线附近位置夹击郑武，郑武一个长传，球来到右侧三分线附近刘玉栋手中，防守刘玉栋的是西班牙身高 2 米多的马丁内斯，他扑将上来，刘玉栋一个假动作，晃得对手防守犯规。这是中国队在临近终场前获得的第一个罚球机会，刘玉栋随后两次罚球命中。

关键时刻，西班牙队再次错失了一次阵地进攻机会。当比赛还剩下 36 秒的时候，两个西班牙队员在边线夹击刘玉栋，刘玉栋勇猛地抢得一个关键的篮板球，这个篮板球起到了决定性的作用，中国队快速反击，郑武将球扣中，比分定格在了 78∶76。

全场比赛，当时的"黄金一代"6 人得分上双，除此之外，胡卫东在所有八场比赛中场均砍下中国队最高的 15.1 分，郑武场均 12.6 分，刘玉栋场均 11.5 分，这三个人构成了中国男篮的主要得分点。

"那场比赛的制胜关键并不是我在终场前的扣篮，而是比赛临

近结束前对方的犯规战术，让我们有了 3 次 1+1 罚球机会。胡卫东、刘玉栋、我，可以说，那几个罚球是我们全场最紧张的时候，好在我们三个人顶住了压力，6 罚全中，这给后边我那个绝杀奠定了基础。"郑武后来回忆说。

刘玉栋这个时候才有些后怕，"我们在那个时候，能够顶住这么大压力，思想不起变化特别不容易。"

战胜了西班牙，意味着中国男篮进入了世锦赛的八强。中国篮球几代人奋斗的梦想，终于在这一代中国队手上得以实现，终场锣响，有人把手中的篮球一扔，中国队场内外的队员立即兴奋地拥抱在一起，大家唱啊跳啊，觉得比夺了世界冠军还要幸福。按照惯例，蒋兴权走到中场和西班牙主教练握手致意，还没来得及走开，泪水就从他布满皱纹的眼角流出，这是所有人第一次见到蒋指导流泪。

那一天是 8 月 7 日，也是在两场关键比赛中发挥最好的郑武27 岁生日，喜悦让大家把对他的祝福抛在了脑后，直到后来当地华侨为中国队大摆庆功宴时，平时从不抽烟喝酒的蒋指导端起酒杯走到郑武面前，动情地说，"你今天 27 岁了，祝你生日快乐"，大家才忙不迭地附和，而此时郑武早已是泪流满面了……

略有遗憾的是，拿下了巴西、西班牙两个强队，别人自此就把中国队当强队打，心态端正，正常发挥，中国男篮在复赛中更是一口气输掉了 5 场比赛，没能在世锦赛上走得更远，最后名列第八名。

很多年以后的今天，随着中国经济的发展，人才选拔、硬件设施等都在发展进步，蒋兴权也带过许多篮球天才，但每当提及当时这一拨队员的时候，他语气最为自豪。

在那一届世锦赛上发挥最出色的胡卫东、郑武、孙军、吴乃群、巩晓彬、刘玉栋……这一拨人成为了日后 CBA 的中流砥柱，大家都称呼他们为"黄金一代"。

旗手　旗手

上小学的时候，当学校举行升旗仪式，能够被老师挑中去做护旗手的同学都能骄傲到把头都抬到天上去。那个时候刘玉栋表面上曾经不以为然，但内心中也会和其他的小朋友一样充满了无限的羡慕。

命运就是这样不可思议。

1993 年东亚运动会，中国代表团要在男篮当中挑一个旗手，队里的人还相互推来推去，"一半是出于不好意思，另一半可能也是没有真正意识到作为旗手到底意味着什么"。刘玉栋回忆说："大家就相互喊别人的名字，比如我说让孙军去，孙军说我去，别人又说胡卫东去，然后不知道怎么就稀里糊涂地选上我了。"

直到那个时候，刘玉栋还没有把小时候羡慕的对象和做旗手的重大责任联系在一起。第一次训练的时候，有人在旁边指导说，做旗手，要求是不能太放松，也不能太嘻皮笑脸，不能东张西望……很多人都来指导。一面旗是十几二十斤，一举就是一下午，还得等

在几十个国家后面排队，旗不能离身，从下午到晚上，穿的又是皮鞋，能感觉到那两只脚一下子就胀得不行，手也酸了，"简直感觉比练篮球还要累，关键是肩膀上沉甸甸的，就怕姿势不对，甚至担心一会儿走出去了，走顺拐了怎么办。"

"终于轮到了中国代表团出场，不知道为什么，就在那一瞬间，觉得气氛特别凝重。我后来想，打球都没有这么紧张过，只觉得全世界的目光都聚焦在这里了，而且不是因为认识我，是因为我举的那面旗象征的国家啊……"

后来回国，刘玉栋无意中看到那天的报纸，把自己吓了一跳，"我放在头版头条的旗手照片怎么比主席的照片还大，应该是因为我个子比较大，哈哈！"

1996年担任亚特兰大奥运会中国代表团旗手，现在仍然能看出刘玉栋的紧张和青涩

家人、朋友纷纷打电话过来祝贺，尤其是从小一起长大的表弟刘良宁也打来电话，说在电视里看见了他，那是刘玉栋第一次听到家里人那种明确的敬佩和肯定。

"我就想，我明年要参加亚运会，还能不能让我举？我其实并不敢奢望。到了亚运会的时候，上面通知我，还是让我举。那以后，我就有些膨胀了，又在想我什么时候参加一次奥运会，举一次旗，那也算运动生涯没有白干。但同时也在安慰自己，先看看什么情况，顺其自然。"

从那之后，刘玉栋就经常在大型运动会上担任旗手。仿佛成了习惯，每次选旗手，大家都会很自然的想到刘玉栋，渐渐地，就连刘玉栋自己也习惯了。

然而，1996 年第一次当选为奥运旗手，对刘玉栋来说仍然是个极大的惊喜。刘玉栋说，当时光荣入选为奥运旗手时，像孩子般兴奋。"其实当时已经确定就在我们篮球队里产生旗手了，于是大家开始举手选人。教练叫所有队员站起来，像选模特一样一个一个挑。一看，他不行！他也不行！都不行……刘玉栋！领导一看，还不错，好！举手投票。大家都举了，通过！我就上了。"

能参加奥运会一直是刘玉栋人生第一梦想，能和梦之队打，又是奥运旗手，真算得上是梦想中的梦想啊。

1996 年 7 月 19 日，美国亚特兰大，第 26 届奥运会开幕式；
2000 年 9 月 15 日，澳大利亚悉尼，第 27 届奥运会开幕式。
我们都见到刘玉栋作为奥运旗手，高举国旗，英姿飒爽，健步

战神
刘玉栋

走在中国代表团最前头。

刘玉栋是第一位在连续两届奥运会开幕式上成为旗手的中国选手，这样的至高荣誉，刘玉栋一直把她放在心里细细品味。他说："每次想到这件事，我都在心里偷偷乐。作为一名运动员，能参加奥运会就已经很幸运了，而我不但能参加奥运会，还能代表中国代表团举着国旗第一个走进会场，这是多么高的荣耀呀！而且我还是连续两次担任旗手，实在是太难得了。"

为什么能够蝉联奥运旗手一职，刘玉栋自己也感到很纳闷。篮球队里每一个人的条件都差不多，高大俊朗的外形几乎是每一名篮球队员都拥有的优势，可是幸运之神偏偏选择了刘玉栋。"我的朋友也老跟我开玩笑，问我说，'怎么老是你呀'，其实我也不知道呀！可能是我穿西装的样子比较帅吧！"刘玉栋半开玩笑地说。然而话归正题，刘玉栋还是很认真地解释道："奥运旗手毕竟是一个国家的代表，形象好是必要的，还应该比较庄重威严，大家都知道我不爱笑，很严肃，也许这也是让我当旗手的其中一个原因吧。并且作为军人，可能本身就比较符合旗手的身份。"

由于曾多次担任旗手，刘玉栋已经积累了丰富的经验，即使在奥运会上举旗也是自然大方，刘玉栋说："没有特别紧张，毕竟是老旗手了。但是奥运会是全球性的大型运动会，影响很大，除了会场里成千上万的人在盯着我，电视机前也会有很多观众在关注，万一出了什么差错就麻烦了，因此多少有点紧张，所以举完旗之后，我立刻感觉一身轻松，如释重负。不过，经历了1996年举旗之后，2000 年就更好更放松了。"

　　每一次奥运会结束回到家里，家人也都会一起谈论刘玉栋在奥运会上的表现，自然也包括举旗带领中国队进入会场时的光荣场景，赞扬他的飒爽英姿是肯定的，然而，唯一不足的是，家人和朋友都觉得刘玉栋过于严肃，没有笑容。刘玉栋自己也意识到旗手应该是略带微笑的，但是习惯了以"酷"脸迎人的刘玉栋很难改变严

2000 年能够再次担任奥运会中国代表团旗手，是刘玉栋人生中不可复制的记忆

肃的表情。他说："我平时就是一个不爱笑的人，实在笑不出来，我想我给大家的印象应该是很朴素、很严肃的吧。"

但是，让刘玉栋比较值得骄傲的是，后来儿子也接爸爸的班，在学校里就开始担任旗手了。刘玉栋回忆说，"六一"学校举行活动，儿子被光荣的选为旗手，在家里刘玉栋还会给儿子传授旗手经验，抬头、挺胸、精神饱满、衣着整齐，就是刘玉栋教授给儿子的金玉良言。

作为球员、作为军人，刘玉栋曾获得过无数的荣誉，而"奥运旗手"的荣誉被列在"顶级荣誉"的行列。他说："我当过十六大代表，全国篮球界就我一个人，我还立过两次一等功，这些都是至高无上的光荣，而奥运旗手是和它们一样至高无上的。我已经把两次举旗时的光辉情景都记录在脑海里，老的时候回忆起来，我仍然可以很自豪，我年轻的时候曾经两次当过自己祖国的奥运旗手。"

一枚硬币的两面

一步一个脚印，从"人"到"神"，刘玉栋的光芒在篮球世界里清晰可见。可是正如一枚硬币会有两面一样，在其灿烂光芒的背面，人们可知他的脆弱之处，他的超乎想象的严重伤病，他的家庭角色的缺失，还有那些大赛受挫所留下的悲情……

战 神
刘玉栋

刘玉栋的伤情报告（1989—2012 年）

> 如果要用一个比喻来形容刘玉栋的伤情，那就是
> "一辆老坦克，零件差不多全散了，最主要的履带和轮
> 轴已经严重脱离"。

如果要用一个比喻来形容刘玉栋的伤情，那就是"一辆老坦克，零件差不多全散了，最主要的就是履带和轮轴已经严重脱离"。

征战这么多年，伤痕就像弹孔一样遍布在刘玉栋这辆坦克身上。前国家队主教练、前八一队主教练王非当年带队的时候就说过："刘玉栋的伤不仅仅是八一队，也是全国的篮球运动员中最多的。"

三次大修后，医生就劝诫刘玉栋，你目前的这副身板只宜做太极拳、慢跑之类的轻量运动，篮球寿命应该结束了。

膝关节、踝关节、跟腱这些部位是篮球运动员最可能出现的运动伤病，它们一个不少地都出现在刘玉栋的身上。所以在球场上，我们看他的双腿很少弯曲。"我的下肢已不可能像以前那样灵活，具备以前的功能。现在有些动作，我认为是比较危险的我就不敢去做，一身的伤，从心理上我就放不开；放开的，就是我现在场上的这些动作，把它做到极限了，这是我体能所能承受的最高程度。"刘玉栋的话坚强中又透露出几分无奈。

平常走路时，刘玉栋都一瘸一拐地拖着一条腿，每次比赛后都是他最艰难的时光。八一队驻地宁波海军第三招待所没有电梯，他每次上楼都要扶着扶手一级级地挪上去；上厕所，他蹲不下去，因为关节弯不回来。

那么，坦克的伤情到底是怎样的？

曾经跟随八一队三十多年的队医孟国臣最为了解，报告如下：

一、肩膀
慢性肌肉劳损
伤病程度30%
原因：长期单调的
投篮动作

三、内脏
胆囊炎
伤病程度50%
原因：不规律的生活

二、手指
手指挫伤
伤病程度30%
原因：激烈的比赛

四、膝盖
负韧带完全断裂
半月板部分损失
伤病程度90%
滑囊炎
软骨磨损
伤病程度70%
原因：拼抢时的碰撞

（1）肩膀慢性肌肉劳损，伤病程度 30%。原因：长期单调的投篮动作。

（2）手指挫伤，伤病程度 30%。原因：激烈的比赛。

（3）胆囊炎，伤病程度 50%。原因：不规律的生活。

（4）膝盖负韧带完全断裂，半月板部分损失，

伤病程度 90%；滑囊炎软骨磨损，伤病程度 70%。原因：拼抢时的激烈碰撞。

那些小的挫伤、撞伤更是不计其数。

这些伤成了刘玉栋的阿喀琉斯之踵。平时的训练中，刘玉栋必须穿上长裤，以免膝盖受凉。而在国家队时，哪个房间挂着打点滴的吊瓶，哪个就是属于刘玉栋的宿舍。经常可以看到比赛之前刘玉栋会在场边活动很久，因为如果活动不开，关节就会很痛。比赛下来后还是会很痛，每场比赛结束他都必须得冰敷。在赛场上他也从来不能做稍稍大一点的动作，因为即使只要稍稍有些剧烈的运动，或是过于累了，就会造成下场后膝盖积水，疼痛难忍。和刘玉栋聊天时，他最不愿意提及的就是身上的伤情。长期的伤痛折磨得刘玉栋已经谈伤色变，他说："经常都会在梦中疼醒，然后就睡不着。"

"刘玉栋伤情最重的一次是在宁波，大约 2000 年左右，他的关节积水，肿得很大，水流入后面的滑囊，后面是动脉和静脉，渗到血管外，小腿全都肿胀起来了，我就用注射器把积水抽出来，用绷带给他压紧，让他去打比赛……打完下来一看，又肿得很大，阻止不了液体的渗入。"孟队医回忆说。

其实，早在 1997 年，医生就已经宣判刘玉栋可以直接退休了。

1997 年亚锦赛的一场比赛，刘玉栋的副韧带就完全断裂。在随后的手术中，医生将他的韧带重新接上。再后来，他的半月板又部分损失。这两种伤使得刘玉栋在跑得多的时候就会关节出水，从而引起了合并症滑囊炎。而软骨磨损也是由于长期跑跳所引起的。孟队医说，仅仅只是副韧带这一个伤，就造成他的关节完全松开，他打了个形象的比喻，"好比一辆自行车，两边靠螺丝来拧紧，才能跑直线。"所以刘玉栋的膝盖每次都必须依靠很紧的护膝来固定，才能上场。此外，他还有滑囊炎、软骨磨损这两处伤。

"1997 年上半年接韧带，下半年关节镜手术，一年之内两个手术。医生说你的关节不适合激烈运动，不然老了会很痛苦，还是早作打算吧。"刘玉栋回忆说。

人们对刘玉栋在场上的一招一式印象深刻：他稳稳地站在对手面前，指尖已经感受到了角度与力度，只是轻轻地踮了踮脚尖，皮球划出一道漂亮的弧线，向着篮筐飞去……这是最标准的"刘氏投篮"，就是用这最简单的动作，他 12 个赛季，378 场比赛，8387 分，生涯场均 22.2 分，成为在 CBA 排在榜首的得分王。

无论有多少的伤和痛，多少的汗水和泪水，只要走到舞台中央，灯光永远都只能照出光明和荣耀

"很多人总是评论我投篮姿势太简单，你们以为我就不想打得漂亮一点，花哨一点呀，可是没有办法，别说急停跳投了，哪怕做

战神
刘玉栋

一个正常的动作，我都会疼得咬牙切齿。"

从 1998—1999 年，他又陆续做了一些手术，伤病的阴影紧紧跟随着刘玉栋，成了他血液中熟悉的味道。孟队医说，像刘玉栋这样的运动员，疼痛将与他相伴到老。

在刘玉栋眼前就摆着一个活生生的例子。红山口有个退下来的老教练，每天在他眼前来来去去。一开始他是拄着拐杖，然后是骑自行车，他骑的姿式很特别，是用一条腿撑着，另一条腿滑行着走，再到后来，他的两条腿都彻底废了，他只能坐在轮椅上，双手推着轮椅走。

"他的情况是一年不如一年，其实他的身体很健康，就是走不了路，我觉得最可怕的情况莫过于如此。"刘玉栋说。

2000 年左右，经过联赛、国家队大赛的各种锤炼，刘玉栋迎来了体力和心智上最佳的黄金时期。而刘玉栋却说，"当时想起来是觉得很残忍的，在自己身体状况最好的时候，伤病却像是一根棍子一样卡在那里。"

周围的人都劝他要好好保护自己的膝盖，但是对于当年那拨的运动员来说，带伤训练、比赛并不是什么稀罕事。在国外并不提倡打封闭针，在今天的赛场上仍然会时有所见。封闭针就是麻药，打进去了以后，缓过去，在比赛的时候没什么感觉，但过了那个劲，几个小时后就会痛得更历害。打封闭针对刘玉栋来说仿佛是经常的事情。包括崴脚、脚不能落地、腰肌拉伤、大腿拉伤，只要痛得历害，都有可能会打封闭针。

障碍创造天才

在 1994 年那届国家队里，他是唯一一个卧推能达到 130 公斤以上的球员，这是在 NBA 血拼了三年的姚明现在才能够推起的最好成绩。

最主要的是，刘玉栋自己不肯放弃。

罗曼·罗兰曾经说过："天才免不了障碍，因为障碍会创造天才。"

"不能跑了，不能跳了。"有一天在篮下对抗的时候遇到个强力中锋，刘玉栋突然觉得，"我在这个位置上本来身高就吃亏，现在还不能跳不能跑了，那我如果不在力量上再多加强些，什么优势都没有了，那还做这行干嘛。"

在中国篮球界还没有什么人把体重当回事的时候，刘玉栋就已经开始进行个人力量训练。因为起点比别人晚，身体也不够壮，为此，他想了个最简单也是那时候最现实的办法。

战神
刘玉栋

　　"当时，我和范斌两人努力使自己长壮一点的方法，就是每天的深夜里，自己在屋里煮宵夜，靠这样来补充营养。其实，所谓的'宵夜'也就是三包方便面加两根火腿肠。到了夏天，我就拼命吃雪糕等甜食。其实，也不是特别爱吃，但就想着吃甜的能长胖些，有了肌肉才能练力量嘛。"他说。

　　当时的中国篮球训练对力量的要求少，只是简单地要求下蹲练小肌肉，而且球员大多宁肯在篮球框底下练习投篮，也很少去练习力量，训练方法和手段不多，力量器械也比较单一，只有杠铃、胡铃。教练只是说，去举杠铃，分四组，一组八个十个，并没有针对性。

　　巅峰时期的 NBA 球员卡尔·马龙，大概是篮球这项运动历史上最强壮的球员。据掘金队的队医说，他所见过的唯一接近马龙的人，是退役球员凯文威利斯。马龙身体的脂肪含量只有 4%，每个比赛日的早上，他都要花一个小时举重，而在所谓的"休息日"，他也要到瓦沙奇山上去滑雪，或者做折磨人的直线徒步行走（去的地方根本没有路）。而马龙之所以能打到 40 岁的高龄，和他夏天在自己的农场里背着降落伞奔跑也不无关系。

　　刘玉栋在力量上的训练也堪称中国篮球运动员之最。亚洲人（主要是黄种人）的肌肉类型以红肌纤维为主，柔韧性好，持久耐力比较好，但爆发力不足，肌肉组织不发达，绝对力量要相对弱一些。欧美人主要是以白肌纤维为主的肌肉类型，这种肌肉类型的特点就是，爆发力强，肌肉组织发达，但持久耐力不足。而在高水平的竞技体育中，尤其是在身体对抗的运动中，亚洲人和欧美人相比

就明显存在差距。在对抗中，欧美人可能用 60% 的力量就可以完成
动作，而亚洲人可能需要 90%，甚至 100% 的力量才能完成。

在有限的条件下，刘玉栋能练到国内卧推第一，靠的也是像马
龙一样的艰苦训练。通常来说，他力量训练的流程是这样的：

做腹肌练习，换做卧推杠铃，先从 80 公斤起步，推完了 5 次。
然后又换做练下肢，仍
然是从 80 公斤起，还是
5 次。杠铃片加到 130 公
斤。而练下肢的杠铃也
从 150 公斤到 170 公斤，
卧推可以到 150 公斤，连
续做了几组推杠铃和蹲
杠铃的训练之后，再做
50~100 个仰卧起坐。

刘玉栋在力量房里
一般都是练一个小时，
期间还多次重复做仰卧
起坐和腹肌的力量训练。

除此之外，刘玉栋
还会随时利用一切空闲
的时间去练力量，他已
经把这种练习融入生活

和同时代的胡卫东相比，外人总以为刘玉栋
天赋不高，在他们心目中，刘玉栋几乎就是郭靖的
代名词，但正是这种大智若愚，勤能补拙，才有了
后来他在 CBA 的成就

之中，晚上在房间里看电视的时候，也有可能是用静蹲的姿式。

"刘玉栋练得特别聪明，他是缺哪儿练哪，所以除了膝伤没办法，那就像车轴子反复摩擦，磨薄了，其他地方没什么伤。"

孟国臣一直都记得，那时候一旦有点业余时间，刘玉栋就经常让他坐在自己脚上，练仰卧起坐。他一次一组100个，或者300个，一来就做5组。"后来我跟我儿子说，刘玉栋能做500个仰卧起坐，他都不相信。"

孟队医记得，2003年在贵州遵义打全运会之前刘玉栋受伤的情况。当时刘玉栋的膝盖手术刚刚做好，参加的是场恢复性的比赛，其实打10分钟左右就好了。就在快打完的时候，他做了个折返跑，"我看他的样子，就知道坏了。场边一查，跟腱果然断了。马上去动手术，一般要求半年后才能进行恢复性训练，他半个月后就开始练了，"练上肢，练腰腹，运动员的康复训练不一样，哪里能动就动哪里，一只腿不能动，他在床上就练习抬另一只腿，或者用哑铃练上肢。"

猛吃加苦练，刘玉栋练就了一身强壮无比的肌肉。在1994年那届国家队里，他是唯一一个卧推能达到130公斤以上的球员，这是在NBA血拼了三年的姚明现在才能够推起的最好成绩。

刘玉栋的强壮，和巴克利有一拼。

巴克利是什么人？他被称为"空中飞猪"、"重型坦克"。

而当年的刘玉栋，也被称为"中国的巴克利"。

直到2001年，他还能让带领上海队冲击CBA总冠军失利的姚明感叹地说："刘玉栋是目前为止唯一一个让我感觉怎么防都白搭的球员。和他对抗比和大巴对抗还累。"

而刘玉栋，仿佛一个武林高手，因为某种条件的局限，却独辟蹊径找到了最适合自己独门的本领。

"比如投篮，最少得命中 80%，比如我跑跳不如人家，但我得把力量稳住，靠过去，不能让他从我身上过。"

刘玉栋的成功没有什么秘诀，他唯一的成功秘诀就是付出得比别人更多。

这是一份刘玉栋的训练报告：

——30 小时

刘玉栋每周训练时间合计。

在比赛之前他的训练时间每天达到 5 小时，每周 6 天，一星期只有一天休息，年假大概 2 天，其余时间都会出现在训练场。刘玉栋说："我的这种训练量，按我这个年龄的老队员来说，肯定算多的。"

——300 次

刘玉栋每天单独练习投篮的最低次数。

刘玉栋高质量的投篮技术就是这样练就的。他每天都要单独练习投篮 300 次以上，如遇到联赛之前的准备期，投篮和力量的训练量会更大。

他投篮练习的命中率 80% 左右（不管是两分球还是三分球）。

除了练投篮的手法，还要有假设干扰条件下的投篮训练。正是平时苛刻训练的积累，你才能看到刘玉栋在赛场上百步穿杨的绝活。2000年以后，自从他因伤病而跑得没有那么快，跳不了那么高，他就有针对性地调整练习投篮动作，他投篮角度越来越高，越来越向后仰，有了更多的花样。难怪防守他的对手经常只能一声叹息，因为他无论在什么样的封盖下，总能把球送进篮筐。

在运动员生涯中，刘玉栋不知道北京的商场朝哪个门开，但闭着眼睛，也能说出力量房的各个设施及摆放位置

——130公斤

130公斤的卧推重量是刘玉栋1994年就达到的数字。

即使是现在，刘玉栋的卧推重量也在120公斤以上，在现在的国家队也数一数二。"我现在训练的时候，重在锻炼全身的部位。"刘玉栋说。

因为整整一个赛季，刘玉栋的膝盖难受得连蹲都蹲不下，2003年5月14日，他在北京309医院动了膝盖手术。

刘玉栋的太太张宏珍就是 309 医院的医生，她全程陪同丈夫动手术。对于那次手术，张宏珍至今想起来都还有些后怕。当时刘玉栋的手术麻醉采用的是腰麻，那位麻醉师麻得特别好。手术本来是打算在膝盖钻四个眼，用关节镜做微创手术。但镜头在里头转着看，都两三个小时过去了，注了很多的水，腿都肿起来，却发现找不着碎骨，后来才知道那一窝骨头全在膝盖后面。守在旁边的张宏珍急得嘴唇周围一下就长出小泡。此时，麻药的劲儿正在慢慢减退，刘玉栋已经能感觉到刀子在动了。于是张宏珍就对主刀医生说，没关系，要动刀子就动吧（因为一般运动员的膝盖能不动最好不要动），刘玉栋的韧带之前已经开过一刀了。

无奈，医生用手术刀在膝盖拉开个口子，然后用手伸进去，掏出了一大把碎骨。

"因为当时刘玉栋膝盖上的那些碎骨都不在关节腔里，而是脱出并单独成一个腔，包裹成一堆并挤在一起，压迫静脉，所以动不动就肿。他之前说膝盖像被什么东西卡住，蹲都蹲不下去，就是这些碎骨所致。"

医生数了下，一共取出 10 块碎骨。

这十块碎骨震惊了医生，也震惊了篮坛。那种情况下，普通人连走路都不可能，他居然就这样坚持打球，而且还能帮助八一队将总冠军收复！

现在，那十块碎骨被装在一个玻璃瓶子里放在家里，刘玉栋淡淡地说："它已经不在我膝盖里了，现在它只是个纪念，当成一个标本被摆在那儿了。"

2011 年，退役的刘玉栋又做了一次膝盖手术，这次医生又从他的膝盖里掏出了一大块碎骨。"我能感觉到我老了就会像那个（走不动路的）老教练那样"，刘玉栋半开玩笑半认真地说。

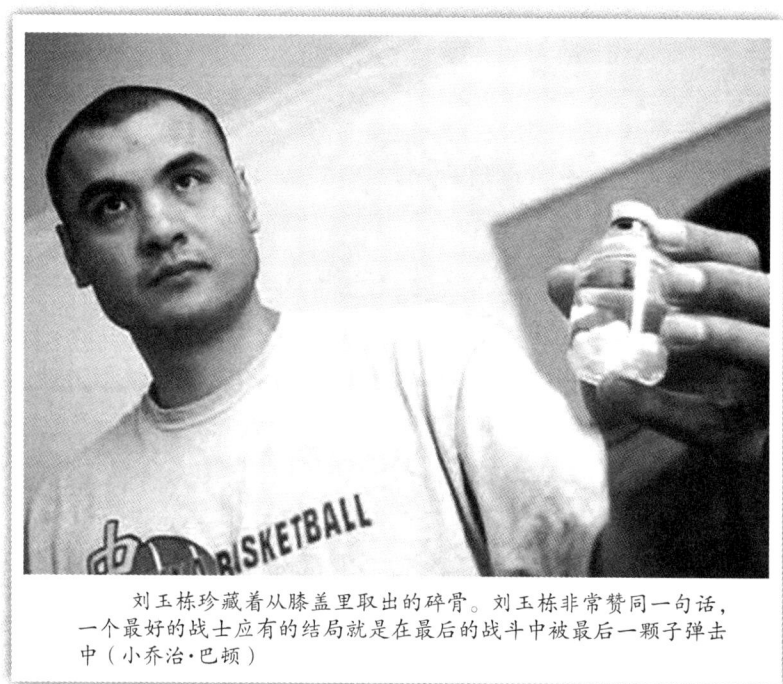

刘玉栋珍藏着从膝盖里取出的碎骨。刘玉栋非常赞同一句话，一个最好的战士应有的结局就是在最后的战斗中被最后一颗子弹击中（小乔治·巴顿）

家庭角色的缺失

像刘玉栋这样一个人，在球队，他是最好的球员；
在俱乐部，他是负责任的大队长，但是他绝对不是一个
传统模式的好丈夫、好父亲。

美国《新闻周刊》的记者布鲁克写了本关于姚明的书，作为一个在中国呆了几年的外国人，他观察到"这种看上去木然的表情挂在几乎每个中国球员脸上，他们在严格的纪律和体育管理系统之下已经有太长的时间，以至于他们的个性完全被磨掉了，就像是在永不停止的水流中变得平滑的岩石。"

刘玉栋并不同意这种关于"个性"的说法。至少在其后的许多年中，他仍然保留着他那种率真的近乎单纯的个性，在某种程度上有点像《水浒》里的人物，和他交朋友的方式也许可以仅仅通过喝酒就能完成，但如果有谁想轻易地招惹他，他也绝不会后退。

战神
刘玉栋

　　他自小就习惯了凡事多做事少说话的朴实道理。"我们家的人话都不多，凡事想到了大家就去做。"多年来，刘玉栋很少接受别人的采访请求，"我不喜欢张扬，做事、做人顺其自然，刻意追求什么也没用。"刘玉栋不是一个擅长表达的人，

　　如果说刘玉栋有什么遗憾的事情，那就是他读的书太少，有些道理他明白，有些书他也爱看，只是不像在篮球场上，会化成生动的动画，自动地在脑海里构成三维空间。

　　在八一队里，李楠的能说会道是出了名的，他是那种擅长演讲，拿捏分寸到了炉火纯青的地步。因而多少年以来，在几个老将当中，虽说刘玉栋是公认的领袖，但李楠才是更衣室那个会鼓动大家思考总结的"更衣室老大"。

　　即使是爱看历史书籍的王治郅也比刘玉栋更擅长于"抛头露面"这类事情。但凡细心点的人就会发现，当他们难得有几次出现在电视节目上，刘玉栋会变得手足无措、嗓音发干，甚至会紧张得嘴唇不由自主地向一旁倾斜。

　　他就是这样不擅言辞，甚至到了无趣的地步。他生活中唯一的爱好是钓鱼，这也是并不从众的爱好。像这样的男人不知道要遇到怎样包容他的女人……

　　巴特尔和太太德明是圈里有名的恩爱眷侣，但是德明也说过一句话："如果可以选择，嫁谁都不能嫁给运动员。"

　　2005 年，刘玉栋获得"CBA 十年杰出贡献球员"奖。在隆重

的颁奖仪式上，大栋一手抱起儿子，另一只手高高举起，向大家展示他的"至尊钻戒"，妻子依偎在他的怀里。后来才知道，根据活动安排，刘玉栋除了抱起儿子外，还要当众亲吻自己的妻子，但他完全把这项"彩排"内容忘得一干二净。过后记者故意问起时，他才突然一拍脑袋，"糟糕，我忘记了！"

领取"至尊钻戒"，算得上是张宏珍难得一次和丈夫刘玉栋分享荣誉，其它大部分的时间里，张宏珍都得独自撑起一个家庭所有酸甜苦辣

　　妻子张宏珍一点都不生气，只是慢条斯理地说："和他这么多年的婚姻，太了解他了，对他根本没有什么可生气的。"

　　刘玉栋的太太张宏珍是他的初恋，也是一名女篮运动员。第一

战 神
刘玉栋

次见刘玉栋，当时的张宏珍还在八一青年队，刘玉栋已经是国家一队了。但那个时候他们平时忙于训练，根本就见不着面，也没有什么比赛录像可以"一睹芳容"。那时候刘玉栋刚从南京军区队来到八一队，吴忻水教练就安排他每天在食堂靠门的位置坐，并跟他开玩笑问，这个怎样？那个怎样？

张宏珍回忆说，"一天，有位大姐告诉我说，你以后进食堂要稍微收拾一下，有人在看你，就是刘玉栋。"后来这位热心大姐就安排他们俩在她家见面。"结果那天刘玉栋特别腼腆，一句话都不说，还是我主动和他说的话。"

然后也没谁追谁，两个人就在一起了。张宏珍说，她之所以选择刘玉栋，最大的原因是因为吴忻水说，一个人能对父母亲孝顺成那样，还会有错？

"他太孝顺父母了。虽然他自从到体工队以后，好像一共就只回过几次家，但自从他离开老家出来打球以后，仍一直尽他自己最大的能力在帮助家里。他父母也很依赖他，大小事情都是要他来做主。他对父母自觉自愿的责任心，也正是现在许多年轻人所欠缺的。"张宏珍说。

1995 年，两人步入了婚姻的殿堂。但是因为刘玉栋太忙，两个人甚至只能乘着刘玉栋在训练的空隙请了个假去登记，那张结婚登记照上的刘玉栋还穿着件训练背心。

就这样简单地结了个婚，没有婚礼，没有婚纱照，没有蜜月，张宏珍开始了和刘玉栋过着长年两地分居的日子。刘玉栋最忙的时候是 2000 年以后那几年，有一年在家里一共只待了 4 天，打完联赛后又去了国家队。

1998 年，两人的爱情结晶——儿子刘健龙出生。孩子小的时候，基本上一年就只能见刘玉栋两三面，对爸爸非常陌生。有一次张宏珍抱着儿子到楼下玩，八一队的王勇正好回来了，光着膀子，穿个背心站在那里。当时小健龙还未满周岁，就非要扑过去让王勇抱，后来他斜着眼睛看了半天，发现不对，就挣脱开来，扭头就走。张宏珍这才意识到，这是儿子想爸爸了。因为刘玉栋如果在家，训练完了就光着膀子回来，他是把穿背心的王勇当作他爸爸了。

儿子刘健龙的出生，让刘玉栋第一次醒悟，除了篮球，人生中还有别的责任需要承担

张宏珍说，刘玉栋能成为一名优秀运动员，一方面是因为他特别专注。她记得年轻的时候大家都还住在集体宿舍，当时他的膝盖已经伤了，他每天晚上都还在宿舍练俯卧撑，那时候我还瘦，他还

让我坐在他身上做负重训练，他自己准备了一些小哑铃，边看着电视边练。在他眼中，如果有件事情他想要做好，他就会全力以赴，包括他后来做了领队，压力很大，有时情绪很不好，会无端发火。因为对他而言，最吃亏的就是没怎么读过书，尤其对一名优秀运动员来说，退下来突然要做行政工作，做领导，那些东西是他以前从未接触过的，或者说是完全不懂的。他希望球队能出成绩，所以给自己的压力特别大。

另一方面，在张宏珍眼中，她的丈夫也特别单纯。像我去医院工作，接触的各种社会关系还是比他多，有时候我会给他讲些人际关系什么的，他就是完全听不太进去的样子。他是一个完全不会拍马屁，讨好领导的那种人。偶尔我问他，你从家乡回来，要不要顺便给领导带点礼物，他完全是愣在那里，然后就说，如果工作做不好，跟领导关系处得再好也没用……

这么多年以来，张宏珍对自己的丈夫总归还是有些属于妻子的抱怨。2001—2002 年，是王治郅离开八一队，也是阿的江第一次接手做主教练的赛季，张宏珍因为腰椎间盘动手术，特别希望刘玉栋陪在身边。"其实也知道他什么都做不了，但是因为第一次做手术，心里总有些不踏实，他在身边毕竟更有些安全感。"并且医院手术前也要求病人家属签字同意，但刘玉栋却是委托别人签的字，自己随八一队去了宁波参加总决赛。八一队全队上下没有一人知道此事，刘玉栋也没和队里任何一个人提这件事。一周过去了（这一周八一队都在训练比赛中度过），钱利民爱人的同学（就是做这次手术的医生）对她说："你们八一队队员刘玉栋的老婆做手术，丈夫竟不过来陪。"这才让八一队上下知道这件事。

比赛结束后，刘玉栋给张宏珍打电话，很沮丧。电话那头，刘玉栋说："比赛结束了，很快就会回去了，没拿到冠军，对不起。"短短几句话，张宏珍却哭了，"我觉得委屈，我手术时他都没来陪。"因为她知道刘玉栋比谁都更想拿下那个冠军，她知道丈夫心里是怎么想的。她开玩笑地抱怨说："可我就是不想原谅他，现在提起我做手术的事还会埋怨他。"

做运动员的时候，这样的天伦之乐很少很少，刘玉栋一年能在家里呆上一周就算得上是奢侈之极了

这并不是刘玉栋第一次"不顾家里"了。还有一次，房子在装修，孩子在上幼儿园，老母亲又得重病住院了，张宏珍上班还不能请假，可自己的丈夫却还在千里之外，一点也帮不上忙……张宏珍回忆说：那一次才是感觉天都要塌下来了。

在刘玉栋的世界里，只有篮球。问他是哪年领的结婚证，刘玉栋说忘了，但儿子出生的那一天他却记得很清楚："1998 年 8 月 2

战神 刘玉栋

日。"他能准确无误地说。

如果说在生活中除了篮球外，刘玉栋最稀罕的事情就是自己的这个儿子，刘健龙刚生下来的时候，因为第二天要打比赛，刘玉栋只能扒在摇篮旁边看大半夜，"抱起他，觉得几乎手足无措，在此之前已经守了好几天，真是打球都没有那么紧张，好像手都全僵掉了……他是那样一个软软的、可爱的小东西……没有办法，我所能做到的就是好好打球，一个男人要想做点事情，没办法两者都兼顾。"虽然他从来没有像妻子那样细心地照顾过儿子，但只要在家，他一定会坚持开车送儿子上下学，算是表达一点老爸的心意。

如今，做了八一女篮大队长的刘玉栋总算有了固定待在家里的时间。虽然他仍然要长年带着女队四处征战，但情况毕竟比做运动员的时候好了不少。但是张宏珍却说她宁愿刘玉栋不在家里，因为在这个家里刘玉栋就是不食人间烟火的"神"。"他回家我还觉得麻烦。他不在家我就在单位吃饭，他回来还得给他做饭，他是家里有什么吃的，还得给他端到面前才行。像苹果什么的都得削好了放到他面前才可以，香蕉没拿出来他就不知道去找。"大刘的媳妇是以这种方式传递着他们的爱。

总结起来，像刘玉栋这样一个人，在球队，他是最好的球员；在俱乐部，他是负责任的大队长，但是他绝对不是一个传统模式的好丈夫、好父亲。

我曾经不止一次地追问张宏珍，在她眼中的刘玉栋是什么样的人。在此稿几近完工的时候，她终于发来了邮件：

"关于我的丈夫，你曾问我欣赏他什么，当时我不能马上回答你。这么多年来我也没有认真思考过这个问题，似乎一切都是顺其自然走到了这一步。但最近我认真思考过这个问题，我们结识之初，他英俊潇洒，憨厚老实，浑身充满了男人的霸气，深深地吸引着我。而且我坚信孝敬父母的人，人品不可能坏。一路走下来，我并没认真分析他身上的优点，但总是无法抗拒地信任和依赖他，因为在我的生命中，他做出的决定似乎从来没有错过，正是他的人格魅力不断吸引了我。刘玉栋是一个非常敬业、非常执著的人，对工作也好，对家人和朋友也好，他都是一片赤诚，做任何一件事情都是非常专一，追求完美，也正是因为他的这份执著，他才可能有优异的成就。他在自己人生的每一个阶段都是心无旁骛地扮演着自己的角色。"

记得我曾经问过刘玉栋，"你说你是一个战士，永远都不会流泪，身上只会有汗水和血，你从来没有难过的时候吗?"

他沉默了很久，终于回答说，有，对家人。

战 神
刘玉栋

硬币的两面：胜利、荣耀／失败、受挫

> 也许任何运动员，奋斗数载，在舞台上的灯光照射也只是那几分钟，不会有人知道胜利和荣耀背后的失败与受挫。

世界第八、CBA 冠军、亚洲冠军……

很少有人知道，在收获过那么多荣誉的刘玉栋心中，也留过隐隐的遗憾。"更不要说在国外了，在国内，我这个身高打大前锋都太矮了，2002 年去美国比赛，真是第一次知道什么叫天外有天……"

2002 年，中国男篮参加在美国印第安那波利斯举行的世锦赛。第一场比赛，带伤上阵的刘玉栋就被安排防守 NBA 首屈一指的大前锋、德国队的诺维斯基。这场比赛中国队败北，而状态不好的刘玉栋更是被国内球迷奚落一番。

　　印第安那波利斯街头显得有些冷清，偶尔晃动的人影，空空荡荡的世锦赛篮球馆，稀稀拉拉的球迷。没人怀疑美国人对篮球的热爱，但当年这支"梦五队"并没有奥尼尔、科比等大牌球星，事实上只能算是"美国二队"。见惯了 NBA 大场面的美国观众，对于两支外国球队之间的较量，哪怕是两支顶级的欧洲球队，也完全不足以引起以自我为中心的他们的关注，当然也不会去球场为他们摇旗呐喊。

中国队迎来了小组赛的第一个对手德国队。德国队其实就是诺威茨基的球队，全队在进攻上完完全全以 NBA 球星诺威茨基为核心。中国队和德国队所在的小组还有美国队和阿尔及利亚队，阿尔及利亚队的实力是这个小组最弱的，明显逊于其他三支球队，而美国队的实力占有绝对的优势，所以，

刘玉栋突破诺维斯基的防守

战神
刘玉栋

取得这场比赛的胜利，对争取以小组第二身份出线具有很大意义。而且，小组赛的成绩将带入第二阶段，能否赢下这场球，对于两队来说都十分关键。

这场比赛在印第安那波利斯的 RCA 圆顶体育馆进行，中国队开场排出了郭士强、姚明、胡卫东、李楠和刘玉栋的首发阵容。刚开场，中国队连续进攻无法得手，被德国队取得 4：0 的领先。很快，李楠投进中国队在本次世锦赛的第一个球，这是个三分球，中国队随后取得 8：7 的领先。此后，德国队利用连续罚篮命中再次领先，18：14。中国队主教练王非叫了暂停，暂停过后，中国队不但没法解决诺威茨基这个点，反而被对手连续得分，在第一节比赛里，中国队先后派上了巩晓彬和刘玉栋防守诺维斯基，但都未能起到多大作用。第一节比赛结束，中国队以 14：23 落后。刘玉栋后来回忆说："以前也防守过比我个子高的外国球员，但是诺维斯基明显比那些人都强，他能投能突，最重要的是，他个头那么高（2.15 米）还会后仰跳投，这个就太可怕了，那场比赛是我有史以来防得最难受的一次。"

第二节一开始，中国队极其不顺，无法组织起进攻，连续两次进攻 24 秒违例。好在后面找到节奏，逐渐将比分拉近至 22：25，姚明也赠送了对方一个漂亮的大火锅，但之后中国队接连出现传球失误，被德国队抓住机会，连连得手，比分差距拉大到了 9 分。姚明的二次进攻得手再次将比分拉近，德国队叫了暂停，31：36。但在最后的几分钟内，中国队一分未得，被德国队打出 9：0 的小高潮，上半场比赛结束，中国队以 31：45 落后德国队达 14 分之多。

2002 年印弟安那波利斯的世锦赛，是一段刘玉栋和中国男篮共同的苦涩记忆

战神 刘玉栋

诺维斯基上半场就拿下了 22 分。中国队得分最多的是巴特尔，拿下了 13 分。

郭士强的中投命中拉开了下半场比赛的大幕，胡卫东的三分中的，中国队以 38：48 仅落后 10 分，似乎又看到了胜利的希望。但德国队稳健的罚球和不错的三分球命中率，使得中国队之前的努力化为泡影，中国队落后对手 17 分。姚明也因为 4 次犯规不得不坐到了场边。在这段比赛中，中国在进攻上找不到有效的方法，防守上对付德国队也毫无办法，士气也是一泻千里，只能通过犯规阻止对方，但也根本起不到作用，眼睁睁看着对手将比分不断拉大，第三节比赛结束时，德国队已经将上半场 14 分的领先优势扩大到了 24 分，72：48。诺维斯基已经拿下 30 分，在大比分领先的情况下被替换下场。

最后一节，中国队开局以后有点"知耻后勇"的劲头，凭借快攻，连得 6 分，德国队一时有点打懵了，所以尽管大比分领先，但诺维斯基只好重新又回到场上。比赛还剩下 5 分多钟时，中国队打出个 13：1 的高潮，将比分追到了 61：73，德国队的外围命中终于稳定住了场上局势，中国队后场篮板保护不力，德国队没给中国队更多的机会，85：68，比赛只剩下两分钟，中国队在最后两分钟内又打出一波小高潮，但为时已晚，最终以 12 分的劣势败北。

中国队除了巴特尔得 23 分、姚明得 16 分、胡卫东得 14 分，三人的成绩勉强可以及格之外，无论是篮板、助攻等方面都成绩惨淡，而德国队诺维斯基一人就抢下了 30 分。

这场比赛的失利给中国男篮蒙上了一层阴影，中国队一共参加了 6 场比赛，刘玉栋一共上场 17 分钟，一分未得，这样的结果令许多人大跌眼镜，还有人因此说什么"战神不灵了"，"内战内行、外战外行"。对此，刘玉栋从未因此而辩解。其实很少有人知道，原本的国家队名单上面并没有刘玉栋，只是因为大郅正在美国，国内没有可以替代的合适人选，主教练王非才临时抓了刘玉栋救急。当时刘玉栋的身体完全不适合参加这样的国际大赛，他的膝盖在那个时候就已经开始渗水，弯下去都痛，更何况去防守一个正值当打之年的国际超级大前锋。实际上，出征世锦赛之前，他并没有意料到自己会入选国家队，甚至连护照过期了都没有去办。

那次世锦赛，我也作为跟队记者观看了每场比赛，那时候每场比赛打完之后都会给刘玉栋去电话，他的声音都是波澜不惊的，"在国家队和在八一队打法不一样，我每次准备活动做半个小时，上去就打两分钟，能不手冷吗？"除此之外他从不辩解，反倒是国家队主教练王非对那些飞短流长的言语很生气，"看看刘玉栋都防的是什么对手，什么小奥尼尔、诺维斯基，哪个不是 NBA 的一线高手。"

"后来回国，也看到过一些这样那样的说法，但我没想过辩解什么的，没什么，无所谓，一场比赛打得不好，总要有些人顶上这些骂名。"也不知道是性格使然，还是因为时过境迁，如果不提起当年的这些事情，刘玉栋仿佛完全都忘记了。

实际上，直到印第安纳波利斯的世锦赛打完之后，外界才恍然大悟，国家队调刘玉栋去并不是为了世锦赛，而是为了提前准备之

战神
刘玉栋

后的釜山亚运会。

又一个没有想到的是，全副武装准备拿亚洲冠军的中国男篮，却在最后一分钟把桂冠给丢了。

那场比赛，中国男篮从比赛一开始打得非常沉稳，并且比分一直领先。或许有些太顺利了，"亚洲冠军"的称号似乎唾手可得，中国队反而不会打球了。韩国队教练金真后来说："中国队是一支强大的队伍，他们有两名球员在 NBA 打球，能打败他们是韩国队的荣耀。在最后时刻，我发现中国队已经非常紧张，虽然我自己的队员体力也快要耗尽，但他们依然非常专注，正是这一点使韩国队赢了球"。就在最后一节中国队显得有些急躁，韩国队拼命追赶，第四节剩下 2 分 22 秒时，韩国队把比分差距缩小到 9 分。随后双方各有一次快攻得手，88：81。韩国队在最后一分钟极力拼抢，还剩下 17 秒时，韩国队三分命中把比分追成 88：90。胡卫东两次罚球不中，韩国队反击把比分追平，90：90。中国队姚明最后一投被判进球无效，双方不得不进入加时赛。加时赛韩国队徐章勋外线三分命中，李楠两罚全中，接着韩国队中投得手，刘玉栋反击成功，中国队 94：95 落后一分。还剩下 1 分 48 秒时，韩国队 99：94 把领先优势扩大到 5 分。刘玉栋罚球两罚一中，韩国队马上得到两分。接着胡卫东和刘玉栋罚球得到 5 分，100：101。最终中国队以100：102 输给韩国队，韩国队赢得了本次亚运会的男篮金牌。

"其实我也说不明白，大家到最后打得慌里慌张的，像是被传染了一样。"刘玉栋回忆说，"最后的一分钟非常糟糕，我现在都回忆不起具体细节，就好像全都乱成一团。我绝不同意媒体所说把谁揪出来，是谁的错。篮球这样的集体运动，错误就是大家共同的错误，大家都犯了不该犯的错。"

从一直领先到最终被翻盘，釜山失利，冠军丢失，留给中国球迷长久的伤痛。竞技体育就是如此残酷，胜利的喜悦总是和失败的痛苦连在一起，如同一枚硬币的两面。

比赛结束，当王非拖着疲惫的身躯回到北京的时候，才知道家里人为了不让他分心，特地隐瞒了父亲去世的消息。即便如此，他也还得面对国内一片的"下课"之声。此后，这位中国最早学习

胜利后的韩国队一片欢呼，胜利者的笑脸总是让失意者的背影更加黯淡

战神
刘玉栋

NBA 理念的教练再也未在国字号的球队中担任任何职务。

"成王败寇啊!"这是刘玉栋第一次深深地体会到体育这项运动的残酷性。

2002 年的 10 月 14 日,这个日子对中国男篮而言,仅仅意味着征战亚运会的结束。但这一天对刘玉栋和姚明而言,却具有划时代的意义。

这一天之后,姚明将打点行装远赴大洋彼岸闯天下;

而这一天之后,刘玉栋将永远告别国家队。

中国篮球的两代脊梁在这一天互道珍重,各奔东西,刘玉栋留下的是沉重而坚强的背影,姚明拥有的是阳光灿烂的明天。

往事并不如烟。

此时刘玉栋静静地坐在大巴上,多少战火硝烟仿佛又从眼前飘过……

刘玉栋第一次参加国际大赛是在 1993 年的东亚运动会。那年,他还是个青涩小伙,有点像当年的姚明,或是今天的朱芳雨。回忆起当初,他说"没有太多感觉",或许从那时候开始,他的性格就像今天这样平静和稳健。1997 年的亚锦赛成了他的噩梦,半决赛同沙特的比赛,一个"合理冲撞"使他的膝盖打上"永远的烙印"。就是从那时开始,他右膝囊肿的毛病一直没有得到根治,而伤痕像螺钉一样,慢慢从这个裂口开始钻进去,潮水般地侵袭了他的全身。

朱芳雨当年刚进国家队时，就被人喻为有可能是"刘玉栋的接班人"

世锦赛的朱芳雨，亚运会的陈可，球迷们越来越记住了这些年轻的面庞。当朱芳雨第一次入选国家队时，他和刘玉栋住同一个宿舍，国家队去达拉斯集训回来，坐在大巴上，大刘笑嘻嘻地指着一脸稚气的朱芳雨开玩笑，"他现在是我的宠物"。可是时光流逝，慢慢地，当刘玉栋三分神射入筐时，再也听不到那些熟悉的为"战神"发出的呐喊了。

是否有人还记得那个"战神"？

那个在王治郅远征 NBA 后，成为八一队精神领袖的战神？

那个平均每场得 38.2 分、获得上赛季联赛最有价值球员、常

战神
刘玉栋

规赛最有价值球员和联赛得分王的战神？

还记得那一刻的姚明静静地坐在刘玉栋的身后，车上静静的，也许是在回味，也许是在思考。但对眼前这位老大哥，他是无比的尊重。姚明曾感慨地说，其实我们最怕的人就是刘玉栋，他太准了，在大前锋位置上简直是无人能敌。"那时候和刘玉栋一起比赛，我连要位都要不到呢。"提到当年，姚明感叹道，我还记得九运会时他最后一秒的那个三分球。那是我印象最深的一场比赛。

那一年，姚明当选了NBA第一位外籍球员状元秀，参加完世

刘玉栋在釜山亚运会比赛中突破上篮

锦赛获得最佳中锋的称号，当年的毛头小伙子已然脱胎换骨了。回忆起在国家队第一次看见姚明时，刘玉栋打趣道，"那时候只觉得他的个子很高，潜质很好，但也知道我们一起练习投篮时，他总是输。"

大刘为国家队征战多年，"行程"踏遍世界各地，荣誉多得记不清了：1994 年加拿大多伦多第 12 届世界锦标赛获得第八名；1996 年参加美国亚特兰大奥运会获得第八名……记得他曾在闲聊时说过，印象最深刻的是有一次比赛时去美国，被安排享受了和 NBA 球星一样的待遇——住别墅，"那个浴缸能容下两个人，打了这么多年球，有时候想想，人家过的怎样生活，我们又是怎样的生活？"但他不是在抱怨，因为他曾经说过，"这就是人生，我对自己现在的一切很满足。"这是他唯一提到过关于人生的话题。

"我不知道，或许因为自己的年龄，现在还不是时候，我感觉不到他们离开国家队的心情。"姚明坦率地表示。

后来，我在当时写下的报道里查到了这些文字："走出海云台共同体育馆，刘玉栋深呼了一口气，近 20 天的亚运会，终于快画上句号了。他没有回过头去看看，或是等等身后的队友，无论在八一队，还是国家队，他总是步履蹒跚独行。坐上了国家队的大巴，他轻蹙双眉，用手放在身后抵住腰。"

"腰疼！"他似乎想以这句话来回答自己离开国家队的所有感觉。

战神
刘玉栋

"暧昧的阳光懒洋洋地打在玻璃上，车很快地到了亚运村，所有人的眼光照例投在了姚明年轻的面庞上；刘玉栋孤寂的背影很快消失了，天色有些暗淡了下来，没有人会记住，这个平常的下午，属于那个时代的淡淡的背影。"

也许任何运动员，当他从巅峰走下来时，当他离开聚焦的灯光时，都有一缕悲情伴随着。

翻滚吧！大栋

　　篮管中心主任李元伟为刘玉栋戴上了象征"CBA十年杰出贡献球员"的至尊钻戒。刘玉栋手戴钻戒绕场一周，向现场的观众展示这枚罕见的钻戒。一个由30多名军人组成的方阵突然起立，向刘玉栋敬了一个神圣的军礼。在那一刻，刘玉栋闭上眼睛深情地亲吻了钻戒，"这是我一生中最难忘、最激动的时刻！"

战 神
刘玉栋

另一幕掀起——CBA 联赛

很多人都认为，刘玉栋真正铸就的辉煌，其实还是在 CBA 联赛里。他在联赛中的地位远超过在国家队。

前奏：2000—2001 赛季

2000 年的上海卢湾体育馆，拥挤的人群使得狭窄的体育馆更加狭窄。这是中国篮球从 1996 年设立职业联赛以来，观众最多、关注度最高的一场比赛。从十里洋场时代走过来的上海最不缺乏的就是各种休闲娱乐，荷尔蒙过盛的青年们能在这座大都市里找到各种适合他们的名目。但是那一天似乎很特别，你能在人群中发现各种年龄和阶层的面孔。

所有的目光都聚焦在了场地中央。每场比赛开始前的跳球，往往都是由两支球队跳得最高的球员来进行的，因而一般来说，就是由两队最高的两个中锋之间进行的。这天也不例外，站在中圈守候着那颗皮球的是八一队的中锋王治郅和上海队的中锋姚明。

1995 年，年仅 16 岁的王治郅由主帅蒋兴权钦点进入国家队，这是一只为 1996 亚特兰大奥运会准备的集训队。当年的中国男篮外线都是精英，后卫有神出鬼没的阿的江，擅长进攻的李晓勇，锋线上更是达到历史的高度，胡卫东、孙军、刘玉栋、郑武。但外线繁荣却不能掩盖内线的虚弱，老将单涛风光不再，吴乃群等人身高只有 2 米左右，所以篮球界将希望寄托在这个身高已达 2 米 12 的天才少年王治郅身上。

1996 年的亚特兰大奥运会上，面对当时 NBA 如日中天力的大卫·罗宾逊，王治郅毫无惧色，用他闪电般的速度，舒展长臂赏给了罗宾逊一个震惊现场的"大火锅"，观众一片哗然，连梦之队的球员也没反应过来发生了什么。那一刻，世界第一次认识到了"中国长城"王治郅。随后在面对弹跳力惊人的非洲冠军安哥拉队时，大郅替补出场在有限的时间内砍下 19 分、12 个篮板并有 5 次封盖，帮助中国男篮进入了世界前八。王治郅在亚特兰大的那个夏天，用他的天赋让世界记住了他的名字，也因此让他当然地成了国家男篮和八一男篮的标志性人物。

这场比赛，姚明和王治郅同时争夺于篮下，这时候姚明用一只手挡开王治郅，然后用另一只手将球勾入篮筐，这是大姚在 CBA 联赛中第一次展示出勾手投篮的技巧。在这场比赛之中，比王治郅小 3 岁的姚明几乎是"一鸣惊人"，他不但像以往一样控制住球

场两端的篮板，用惊人的封盖阻止八一队的进攻，同时也表现出强大的内线攻击能力。并且姚明完全不计较他与大郅之间的个人得失，每当八一队使用夹击，他便迅速将球转移到外线，由投手单卫国和外援达蒙远程发炮。刘玉栋说："我能够感受他强烈追求胜利的渴望，他那种对比赛的全力以赴，我当时一下就觉得这个孩子成长了。"

王治郅和姚明的对抗，被认为是 CBA 迄今为止最动人心魄的中锋对决

相反的是，即使刘玉栋神准的三分使八一队领先长达 35 分钟，但姚明的顽强进攻令王治郅在第三节就吃到 5 次犯规被换下场，上海东方队由此开始反击，单卫国在第四节 4 次射中三分，上海在主场 116 比 105 胜出八一队 11 分。

这场比赛姚明拿下 32 分、21 个篮板、8 次盖帽，他笑到最后。

这是 CBA 迄今为止最动人心魄的中锋对决。此后王治郅、姚明先后远赴 NBA 打球，也使得当年两大中锋之战成为 CBA 至今仍为人津津乐道的世纪大战。

许多当时在场的媒体一直都对当时的细节津津乐道，据说比赛之前由于太多媒体的关注和热炒，王治郅背上了思想包袱，比赛前一天还起了烧。而比赛结束后，八一男篮的主教练王非在打给朋友的电话里说："这场比赛哪怕王治郅能发挥 20% 我们就赢了。"

只有细心的人才会在多年以后回味起阿的江指导说的一句话："缺少了刘玉栋的八一队比缺少了王治郅的八一队要难得多。"

多年以后姚明说他对于 CBA 最难忘记的就是这场比赛："过去多少年我都不会忘记……我们在第三节时落后过 13 分，最后反败为胜，而且那时候我的对手是王治郅啊，在那之前中国的中锋只有大郅能投三分，结果开场前我先扔进两个三分，大郅急了，才会 11 个球都没进，那是一场心理战的胜利。"

但是刘玉栋也有自己的看法。

"所谓性格决定命运，如果大郅不是那样的性格，他也就去不了 NBA；而我，说不定也是被自己的性格给局限了，别人是想得太多，我是想得太少。"

那次的比赛结束后，八一队内部老队员开会讨论，大家都直言不讳地说："篮球是集体运动，个人表现的前提是取得胜利，不能仅仅为了个人情绪就不服从战术安排。"

实际上这并不是八一队第一次对某个个人进行批评，在八一队这样的团队里面，最容不下的就是"个人主义"。在 1998—1999

战神
刘玉栋

赛季与辽宁队的总决赛中，因不耐烦防守他的一名辽宁队员的"纠缠"，一贯冷静的刘玉栋火了，把那个队员推倒在地，受到了队里的批评。姚明刚出道的时候，1997 年在西安的联赛，当时还是王非带队，王治郅憋着劲想控制住姚明，不管球队整体的布局，也同样受到队里的批评教育。

2000—2001 赛季，是王治郅奔赴 NBA 之前的最后一个赛季，他是国内篮坛最受瞩目的"追风少年"，也即将成为前途光明的"亚洲第一人"。刘玉栋真心为这位自己看着成长的少年有这样的成就和机会感到高兴。但是他自己偶尔也会在脑海里闪过一丝惆怅，都是打篮球的，自己的更高处在哪里？

这一年，刘玉栋已经年满三十了，他所在的八一男篮早已是名满天下，像是少林武当那样在江湖中地位显赫，其他俱乐部都以能在八一队的主场打赢一场比赛为终极目标。

自然不会有人留意到，恰恰是从这个赛季开始，刘玉栋无论是从技战术还是从精神层面上都达到了炉火纯青的阶段。他就像是一把已经磨好了的剑，随时等待出鞘的那一刹那。

"八一男篮从来都不是靠某一个人的进攻或者得分。大郅是进攻好，防守好，在场上的控制力就像姚明在场上的控制力一样，总之就是非常全面。但其实王治郅没走之前，进攻上刘玉栋更强，这一点八一队比谁都看得更清楚。只是那个时候外界的关注点不在他身上。"李楠说。

很多人都认为，刘玉栋真正铸就的辉煌，其实还是在 CBA 里，他在联赛中的地位远超过在国家队。

　　美国人往往喜欢塑造个人英雄主义，电影也好，赛场也好，单骑救主是他们最热衷的故事。中国则相反，我们从小就被灌输着"集体主义"，更何况是篮球这样的集体项目。

　　刘玉栋在八一队多年，早已磨成了一颗"集体的螺丝钉"，与其说是突然之间横空出世，出风头，单骑救主，木秀于林，还不如说是"时势造英雄"。

　　2000—2001 赛季总决赛，回到宁波主场的八一队重新压制住了上海人的攻击。虽然上海队依然能在比赛绝大多数时间内与对手僵持住比分，但每到最后时刻，刘玉栋与李楠的自信和稳定就显示出至关重要的作用。刘玉栋第二战拿下 43 分，李楠在终场前 25 秒命中制胜的三分球，将总比分扳成 1 比 1 平；随后王治郅在第三战复苏，展示出令人叹为观止的脚步移动和投射能力，总决赛以来首次在个人对决中战胜姚明，将总比分变成 2 比 1 领先。

　　当比赛重新回到上海，2 比 1 领先的八一火箭已经掌握了先机和命脉，在第四战之前，各种冠军颁奖活动已经准备就绪。王治郅没有让总决赛进入第五场，他打出了全赛季的最高水准，在球场上锋利得令人惊叹，一人夺走 40 分，姚明只得 21 分。刘玉栋、李楠在第四节连续投中 6 个三分球，3 比 1，八一火箭队在上海第 6 次举起冠军奖杯，捍卫了"八一王朝"的地位。

　　然而，那年的联赛，在八一队教练组的心目中，八一队的最大功臣却是刘玉栋。联赛结束后，王非对刘玉栋未评上最佳球员愤愤不平，多次在公开场合称刘玉栋应当成为联赛 MVP（最佳球员）。

战神 刘玉栋

刘玉栋对这些不以为意，不是他不在乎荣誉，他的心思在别处。从不敏感的他已经察觉到 CBA 格局的微妙改变，就像暴雨将至之前空气中气流的变化。

"当时能感觉到，由于八一队在 CBA 连年的霸主地位，很多人都认为胜利和冠军对他们来说易如反掌。而无论是从篮管中心、上海主场、媒体，大家迫切需要改变八一队在 CBA 联赛一枝独秀的局面……"

暴雨将至：2001—2002 赛季

1996 年的秋天，当来自 NBA 的专家在上海看到 7 英尺 5 英寸高的小巨人姚明，以一夫当关，万夫莫开之势在篮下劈出一道闪电的时候，美国人兴奋地不能自已。

在上个世纪二三十年代的时候，他们的欧洲祖先第一次乘坐船只，怀揣无限的野心和私欲来到广州港，此后成千上万蓝眼珠高鼻子的异乡人，成功地将一箱箱鸦片走私进来，把这里变为他们巨大的梦想机器。

当今的中国早已不再是处在那个闭关自守、丧权辱国的年代。异国他乡人依然充斥在繁华的北京、上海街头，苦苦寻觅着能给他们带来机遇的时刻，渴望让庞大如海洋的中国市场给他们带来哗哗的银两，唯有这一点他们从无改变。

于是 1996 年的那次相遇理所当然地演绎成为一个体育史上

的全新时代。2002 年，
NBA 主席大卫·斯特恩
在台上宣告姚明作为新
科状元加盟休斯顿火箭
队，从那时开始，NBA
的执行层终于可以名正
言顺地开始展开他们梦
想的画卷，那就是像当
年飞人乔丹在美国和世
界掀起篮球热潮那样，
借着姚明，去进入中国
乃至亚洲这个世界上最
大的却从未被人好好开
发的 NBA 市场。

姚明初登 NBA 赛场

因而可以想象，在
姚明名正言顺挺进 NBA
之前，他有多么的渴望为上海队拿下一座 CBA 的总冠军奖杯，这
也就是他得以"走出去"的条件之一。

2001 年，王治郅正式披上了达拉斯小牛的战衣，在那些喊
着"哥们，你来了"的华裔助威下，开始了他艰难的个人奋斗。
2001—2002 赛季的整整一年，国内媒体又都把眼光放在了另一个前
途无量的中国大男孩身上，他被投射了许多人的希望，业界最资深

战神
刘玉栋

的媒体《体坛周报》还特地为姚明开了个专栏，取了个意味深长的名字叫作"姚指冠军"。

但是，即使那个时候，也没有人会想到巅峰对决最终会落在姚明和刘玉栋两个人身上。

"在那一年之前，即使和上海队拼个你死我活，但毕竟有大郅在，队伍还是整齐的。大郅是八一队内外线的轴，有他在篮下，无论是进攻还是防守，我们都要轻松

2001—2002 赛季，阿的江"临危受命"，带领八一队开始了和上海队争冠的艰难旅程

许多。他一走，要解决篮下 2 米 26 的姚明就太难了……从那一年开始，我们算是真正迎来了八一队最困难的时候。"刘玉栋说。

2001 年的 11 月份，主教练王非因病辞职，助理教练阿的江直到联赛前四天才接过教鞭。这位儒雅的少帅那时候还显得对未来有些不可知，甚至没来得及在新闻发布会上学会那种"职业的微笑"。"其实那一年，我们没有一个人想到后来会闯入总决赛，但却从来没想过放弃。"李楠回忆。

那个赛季就好像汇聚了各种困难。八一队的第一场比赛在山东主场，那些天正是北方天气多变的时候，出发的时候遇到下大雪，

飞机延误走不了，八一男篮只好第二天仓促赶去山东。接下来，心烦意乱的阿的江第一次站在赛场上指挥，不仅赛前的中午他没能睡着，到了比赛时他竟然忘记在首发名单中把刘玉栋填上去。

"我的第一场做教练的比赛，我记得很清楚。当时整个中午没睡，那是在济南，客场打山东，当时山东队还是叶鹏做教练。我记得当时比赛还是下午 3 点半开始的，我中午一直都没有睡觉，一直在想如何去临场指挥这场比赛，甚至完全没有考虑过比赛时穿着的问题。"阿的江回忆说，"那场球对我来讲印象非常深，毕竟是我执教 CBA 的第一场比赛，也可以说是另一个开始。虽然做过助理教练，也当过 22 岁以下青年队的主教练。但是真正到一队，打联赛，作为教练员面对的又是国内最高级别的比赛，对自己的新考验也是从这场比赛开始的。毕竟自己是年轻教练，又是第一场比赛，还是有些紧张。当时我跟张斌同住一个房间，和他几乎聊了一中午我的焦虑，直到午休时间，我虽然躺下了，可在床上翻来覆去的睡不着。"

不知道是不是中午没有午休，光顾着准备比赛而影响了他，在比赛开始的时候，当记录台让他去填首发名单时，阿的江竟然犯下了一个错误。"填首发阵容时，我竟然把刘玉栋给填错了。首发阵容里应该有刘玉栋，但我当时不知道怎么回事，就没把刘玉栋写上，脑子里原本一直想的是"刘玉栋，刘玉栋，刘玉栋"，结果一下笔还是划成了闫宇峰。首发的时候，我让刘玉栋上了，结果就给判了一个技术犯规。"当时场上一片嘘声，观众都不明白是怎么回事。

战神
刘玉栋

当天晚上的比赛顺理成章地输了二十几分，"那是八一队 2001—2002 赛季的第一场比赛，所有人都怀疑我们八一队行不行啊，我们自己的情绪也不稳定。"这种天气，这种乱糟糟的状况和这个结果就像是一种预兆。从来不迷信的八一队球员在回酒店的大巴车上集体保持了沉默，刘玉栋因为是老队员，又照顾他的膝盖，他总是坐在司机后面的那一排，那天的车窗外，感觉还在飘着小雪，天和地都是冷的。

外界一开始还把"常胜将军"八一队的这场失利当成是意外失手，可是没有人想到在第 12 轮，八一男篮作客上海，又大比分地输给了上海东方队。被球迷期待的一场少林武当般的"巅峰之战"，却因为八一队的不堪一击而泡汤。这场比赛的惨败仿佛在宣告中国篮坛不可一世的"八一王朝"正在走向终结。

2001—2002 赛季出现的问题其实是明摆着的，过去 CBA 体制僵硬落后，地方球员流动不便，基本上是一省一队。但是从这个赛季开始，情况出现了根本性的变化，在新的运动员交流政策的推动下，球员的大范围流动催生出像广东宏远和北京奥神这样完全由流动球员组成的球队，其他球队也都想方设法从外地选取所需球员；另一方面，原来的好苗子第一选择就是去八一队，而现在他们却流向了待遇远远高于八一队的其他俱乐部。

过去八一男篮可以从全国招兵买马，可以从全军各大单位篮球队中选调精兵强将，如今时过境迁，军队编制体制调整以后，广州军区、南京军区各部队篮球队全都解散了，唯独只保留了八一男篮这一支专业男子篮球队。而"独生子"还要受到编制人数的限制，他们必须考虑到队伍梯次配备的客观要求，不可能将同一年龄结构的优秀队员都保留下来。过去的优势瞬间变成了劣势，八一男篮在人才资源上出现了前所未有的短缺。

付出了一次次输球的代价之后，八一男篮终于度过了一段难熬的阵痛期，也逐渐习惯了没有王治郅的局面。阿的江大胆改变打法，确定了以刘玉栋为中心的进攻和防守战术。

直到这个时候，媒体和球迷才发现，有一个人的身影越来越耀眼，真正的英雄从幕后走向前台。刘玉栋正成为八一队历史上最伟大的领袖，他稳若泰山地伫立在姚明身前，成为那个赛季阻挡姚明最有力的利器。

资深篮球记者刘骁第一次见到刘玉栋是在 1999 年的国家队集训上，当时他就对刘玉栋的"神准"留下了深刻的印象。他认为，2002 赛季刘玉栋由"人"到"神"的跃变是一个必然的过程。"那个时候八一队太强了，包括王治郅、刘玉栋、李楠、陈可、范斌全都是国家队的，首发阵容个个都是国字号，一般和其他球队打比赛，打到半场就差不多了，对方多半放弃抵抗了。后来王治郅走了以后，他们三杆老枪，张劲松主要以防守为主，李楠一般是外线三分，而刘玉栋肩负起了大多数的进攻机会，因为他既能里又能外……"

2002 年 1 月 16 日，是王治郅前往 NBA 之后的第一次军沪对决。八一队作客上海，以 102 比 129 落败。刘玉栋替补出场，在上

战神 刘玉栋

海队姚明、贾孝忠和外援泰费斯威廉姆斯的轮番夹击防守下，依旧34 投 20 中狂砍 47 分，其中三分球 7 投 5 中。即使是在 2.26 米的姚明面前，战神依然抓下了 11 个篮板球，其中有 4 个是前场篮板球。

刘玉栋在 2001—2002 赛季的 24 场常规赛中平均每场拿下 36.4分，创造了 CBA 联赛的历史纪录。在这 24 场比赛中，刘玉栋有 17场单场得分超过 30 分，10 场超过 40 分，4 场超过 50 分；常规赛客场 27 分之差输给上海时，他独自取走 46 分，主场 22 分击败上海，他又掠下 51 分，篮筐在刘玉栋的面前，变得如海洋一般宽阔。

2002 年，当年轻后卫王中光和李克上调到一队之后，他们听到两种截然不同的观点。第一种是，八一队的后卫最难打，后卫就是端茶送水，前面得分手太多，你得观察好了应该给谁；第二种是，八一队的后卫最好打，把球运过半场，给刘玉栋，拉开空间，然后你就看着吧。或者后面这句也可以翻译成 NBA 超级后卫基德（当年在新泽西网队的时候）的一句类似的意思："我只要能把球传出去了，就可以坐在角落

和上海队争冠那个激烈的赛季，像这样坐在替补席上的悠闲时光少之又少

大嚼爆米花。"从2001—2002这个赛季开始，大家都清楚地知道，八一男篮取胜的秘诀只有一个——能不能把球传到刘玉栋手上。

2002年1月19日下午，八一主场146比105狂扫江苏，刘玉栋此役狂揽50分、9个篮板和11次抢断，与"三双"擦肩而过。4天之后，在与江苏的背靠背比赛中"战神"得到41分；1月27日回到主场，刘玉栋又在山东头上砍下42分，连续四场比赛砍下40+。

2002年2月27日，八一主场迎战吉林。刘玉栋三分球只有9投2中，但是两分球不可思议地35投22中，命中率达到62.9%，最终砍下职业生涯最高的57分、11个篮板。刘玉栋常规赛以平均每场得36.4分成为名副其实的"得分王"。到了半决赛与山东队的决斗中，刘玉栋三场球分别斩获29分、34分和56分，特别是在最关键的客场比赛中，他在第四节突然发威，扮演了山东队的终结者角色。整个赛季三次砍下50+。

在外人眼中，刘玉栋如神话一般地崛起并成为八一队真正的精神领袖。在知情人眼里，他却是一块终于发光了的金子。

2002年，刘玉栋已经32岁了，在中国篮坛也算是高龄，膝盖的磨损也到了"登峰造极"的地步。当时八一男篮在宁波的驻地是海军第三招待所，那是个简单的招待所，连电梯都没有，他的房间是3520，每次打完比赛，他都得扶着楼梯的扶手，一步一步缓慢地爬上楼去。

但是，就是这个"残疾人"一样的身体，横亘在了姚明夺冠的路上，成为他命中的第二个"敌人"。

战 神
刘玉栋

"老刘，我恨死你了"

姚明说："刘玉栋是目前为止唯一一位让我感觉怎么防都白搭的球员，和他对抗比和大巴对抗还累。我是大中锋，不可能追着他跑，只能看着他投篮，等着抢篮板。但根本不会有篮板，因为永远是篮网刷的一声，球进！"姚明此时已深深地明白，刘玉栋就是命运安排给他的第二个敌人，他说自己即使在面对王治郅时，也从来没有过这种绝望的感觉。

2002 年 4 月，上海媒体开始爆炒一条新闻，由于总决赛第一场上海队输了，为在第二场比赛中遏制刘玉栋，上海队在季后赛开始前火线换将，用前犹他爵士队的大前锋大卫·本沃调换了弹跳能力出众但却不会防守的威廉姆斯。本沃的简历上写着曾经在 NBA 犹他爵士效力过，他是大球星马龙的替补。从 NBA 的技术统计情况看，其实际能力相当于火箭前中锋凯文卡托，但身高体重稍逊色于卡托，他身高 2 米 06，114 公斤，力量出色。

　　上海队之所以选择本沃，主要原因是刘玉栋的打法和马龙类似，都是靠身体碾压后投篮，因此上海队寄希望于熟悉这种打法的本沃能够成功防守住刘玉栋。这是中国篮球第一次聘请现役 NBA 球员来打球，一场球底薪 3 万美元，而且当时的合同上写着如果三场比赛遏制住老刘且全部获胜，本沃将获得 15 万美元，绝对是当时篮球圈里最昂贵的外援交易。

　　"他是全力贴身防守的那种，而且他身高比我高，我膝盖的伤使我的动作和移动都不快。"刘玉栋说，"这时就只能掌握好节奏，利用同伴的位置。大家知道我假动作非常逼真，你跳了我就过你，

总决赛第一场，八一队主场迎战上海队，姚明倾尽全力防守刘玉栋

137

一有机会出手我就进。"

第二场比赛本沃单防老刘，结果让老刘全场得42分，不过比赛还是上海队险胜。赛后本沃叹言他只能在脚步和身体对抗上扛住老刘，但是他的投篮实在太厉害，竟然能屡屡在身体失去重心的情况下投篮命中。本沃有句原话就是"incredible"（难以置信）。

由于两人的经验和体能相仿，平时异常冷静的刘玉栋几次与本沃发生摩擦，而本沃总是举起双手以示无辜。明眼人都能看出，激怒刘玉栋多半就是上海队的战术之一，果然后来上海队主教练李秋平诠释比赛时说："虽然我们也知道他不可能让

上海队重金请来的本沃成了成就刘玉栋的配角

刘玉栋一分不得，但是我们要求他每一次都不能让刘玉栋轻松得2分，每一次都要消耗他的体力。"

赛后本沃还主动找到老刘握手，对他说，"你是中国的卡尔·马龙"。在新闻发布会上，本沃说即使马龙亲自来也未必能防住刘玉栋，自然我们可以把这句话想象成是本沃为自己表现设下的退路，但是，本沃并不是在面对刘玉栋时第一个如此表达的外援。

从 CBA 顶级中锋到 NBA 球员的对抗中，有人开始意识到刘玉栋与众不同的技术特点。一些篮球行家替上海队出谋划策——从刘玉栋的投篮技术和节奏分析，他投篮时稍有一些后仰，对手很难真正盖帽成功；同时又很会利用防守的"时间差"，也就是说刘玉栋的投篮，往往是在对手起跳后即将做第二个动作盖帽时，他在一刹那就已经出手，所以在封盖刘玉栋时，应该直接伸手斜上方，而不要再做第二个动作。

被称为"小诸葛"的李秋平意识到，要想完全减少刘玉栋的得分，那就不是本沃一个人的问题了，最重要的是要有专人专职跟防刘玉栋。一方面减少他的接球，另一方面即使他接球，也要使他"跑几趟"以后再接到球，如此可以消耗他的体力。也有人建议，干脆采取"杀伤性"战术，派一个"工兵型"选手，利用运球突破强打刘玉栋，造成他犯规，由此遏制他的发挥。

另一方面，因为成为了"小巨人"姚明赴 NBA 之前实现"上海队夺冠"愿望越来越强有力的阻碍，刘玉栋正在遭遇有史以来最多媒体的追访，但他几乎全都谢绝了。不是因为要大牌，而是因为他根本不知道要怎样组织语言，才能像姚明那样委婉动听又滴水不

漏。他也明白，这是他唯一一个无法通过苦练解决的难题。

只是有一次，我作为采访记者在比赛结束时的场边拦住他时，说到有关技战术的东西，他饶有兴趣地回忆起场上的细节。他分析自己说："我的优势在于两点，一是场上的节奏掌握得好，许多时候这是靠一种经验；另外是力量使用得当，这方面则是需要依靠刻苦的训练。"

第三场比赛，上海队采用由姚明主防刘玉栋，本沃负责协防。因为李秋平实在看不下眼，让刘玉栋如探囊取物般地在上海队大前锋贾孝忠面前轻易拿分，他不得不动用错位战术，用姚明单挑刘玉栋。让人没有想到的是，刘玉栋即使面对身高比他高出 23 公分的姚明时，也毫不畏惧，仍然是那个简单的投篮姿式，看上去几乎是直上直下，翻越 2 米，翻越 2 米 23，翻越珠穆朗玛峰，划出一道美妙的弧线，飞过姚明的指尖之后落入筐中。

"刘玉栋是目前为止唯一一个让我感觉怎么防都白搭的球员。和他对抗比和大巴对抗还累。"姚明此时已深深地明白，刘玉栋就是命运安排给他的第二个敌人。他说自己即使在面对王治郅时，也从来没有过这种绝望的感觉。"我是大中锋，不可能追着他跑，只能看着他投篮，等着抢篮板。"姚明说，"但根本不会有篮板，因为永远是篮网刷的一声，球进了！"

而刘玉栋则说："姚明高，我防他的时候，他力量不如我好，经验不如我好，防住他有威胁的位置，干扰和破坏，不让他自如地想去哪去哪。进攻的时候我不会对着姚明打，利用突破、假动作、传球吸引和掩护甩开他，他跑肯定没有我跑得快，这样起跳投篮就

唯有八一队这样的铁军，才能造就刘玉栋这样的"战神"，而正是刘玉栋这样的铁血战士，才会让八一队成为让人永远难忘的团队

有时间差，哈哈，这就是一种经验之谈。"

　　刘玉栋的杀伤力，在2001—2002赛季创造了CBA联赛历史上的奇迹。从这个时候开始，他完成了从人到神的蜕变，忍受伤痛的折磨令他为八一男篮创造了巨大的精神动力。在当代的中国篮坛，年轻球员们的偶像大多是NBA的超级明星们，只有八一队是个例外，李可、阎宇峰、李栋梁这些年轻替补都曾很明确地说过："我的偶像就是刘玉栋！"这使八一队凝结出超强的团队精神，将冠军视作囊中之物的上海东方，无时无刻不在感受着来自刘玉栋的威胁。

战神 刘玉栋

刘玉栋与姚明的交锋，成为了一种精神力量和客观统治力的抗衡。

事实上，刘玉栋的贡献远不止在八一队。

在王治郅到 NBA 后，很多人认为 CBA 联赛由于缺乏明星球员而失去了意义。是刘玉栋改变了本来有可能索然无味的联赛局势。虽然"八一王朝"在这一赛季被终结，但因为有刘玉栋的神奇表现，令 2002 年总决赛延续了 2001 年总决赛的高水准，从另外一层意义上说，甚至是很好地延续了 CBA 联赛的健康发展。

八一火箭队在 2002 年 4 月 14 日再次来到了上海卢湾体育馆。除了姚明与刘玉栋的超级对抗外，场外的某种气氛成为了决定胜负的关键。李秋平和上海队教练组对总决赛第一战（在八一队主场宁波）的裁判极为不满，但在那种逆境下，上海队仍然和八一队斗到了最后一刻，一旦回到上海，东方队取胜似乎就会变得轻而易举。媒体记者们认为刘玉栋和投手李楠可以帮助八一逆转乾坤，但实际上，上海彻底控制住了总决赛第二战。这是在全部赛季的 6 次交手中，上海东方队获取最后的胜利。

刘玉栋和李楠在开场 3 分钟内接连不断的三分球，曾经让卢湾体育馆内鸦雀无声，但上海队在加强防守之后很快掌握了主动。姚明的内线统治使两队在篮板控制上出现了鸿沟般的差距，卫冕冠军很快被甩开了比分。第四节开始后不久，八一已经失去反超的希望。

刘玉栋这一战上场 30 分钟，23 投 12 中拿到 27 分，三分球 3

投 2 中，在别人眼里，这已是超凡脱俗的表演，但对于刘玉栋来说，却是他在整个总决赛中的最低得分。上海人最终胜出 32 分，这似乎使上海队觉得他们取得冠军只是时间问题。当记者们感到困惑，八一队来到客场，是否真的失去了哪怕是稍作抵抗的能力？但细心的人观察到八一队主教练阿的江在赛后却露出一丝令人不易察觉的冷笑，这表示赛程的发展并没有出乎他的意料。

这场比赛，上海队成功地冻结了八一队的另一名攻击手李楠和主力控卫范斌，拆散了八一队由刘、李、范组成的"三驾马车"，最终上海队以较大优势胜出。没有证据表明那一战八一是在

刘玉栋持球突破姚明

蓄意的以退为进，这支铁血军团的历史上从没有放弃比赛的纪录。但人们更愿意希望这只是八一队的策略，因为还在常规赛的时候，八一就曾在上海输掉了 27 分，但他们照样打进了总决赛。

143

战神
刘玉栋

在全上海都兴奋不已的那个夜晚，只有姚明是冷静的，他照样早早的上床睡觉。临睡前对他一个兴奋过度的朋友说："我知道输32分不是他们的真实水平，那也不是我期待的八一队。我会拼尽全力去打，八一队也一定会那样。我想也许把他们惹火了是个好办法，如果他们被激发出所有的潜能，这才是我想要的总决赛；如果他们因为发怒而心理失衡，也许我们会赢得更加轻松。无论怎样，我想我应该做点什么。"第二天，姚明在接受上海电视台的采访时说："八一队老了，他们已经没有办法再跟我们拼了。"

八一队队员果然在电视上看到了这一幕，也果然被迅速地激怒。他们在那个赛季历尽艰辛，才再次杀入总决赛，没有人敢不尊重他们，但姚明竟敢如此口无遮拦。八一队主教练阿的江当时就给李秋平拨了电话："你告诉姚明，别在电视里胡说八道，他有什么？ 不就是2米再加上26吗！"被激怒的不只阿的江一个人，而是整个八一队，尤其是刘玉栋。许多年以后，观看过在2002年4月20日那场比赛的人，甚至有可能会忘记姚明的表现，但是他们当中没有一个人忘记刘玉栋的表现，他就像一头被红布激怒了的公牛，篮筐就是那块红布，而他不知疲倦，一次又一次地向篮筐发起了进攻。

这是决胜的第四场，上海队让本沃主防老刘，姚明负责补防盖帽，让另一名小个儿外援琼斯和刘炜随时准备盗球。在此重重逼迫下，老刘依然独得54分，临近终场前，当刘玉栋因为防守姚明而摔倒在地板上的那一刹那，时间凝滞了。刘玉栋此时膝盖已经感觉到了无力，仿佛膝盖那里有根弦，绷到了最极致的时候了。

医生说过，照刘玉栋的伤势，换了常人连行走都是问题，但是刘玉栋却拖着这两条伤腿，每场比赛拼杀 40 多分钟。整个赛季的 24 场常规赛，他平均每场拿下 36.4 分；总决赛的时候，在姚明和本沃等人的严密防守下，刘玉栋每场还能砍下 40 多分，实在惊人。队友们说，在球场上最可怕的事情之一就是老刘摔倒，因为这很有可能对他那已不堪重负的病腿造成更加难以愈合的伤害。

"我那个时候脑子一片空白，反应过来后就只有一个希望，我可以接受残废，哪怕一辈子都走不了路，但只要不是在这个时候……"

当他缓慢地从地板上爬起来，全场的灯光、喝彩声和照相机的闪光灯像闪电一样击向了他。

刘玉栋站了起来，举起他神一般的双臂，球在刘玉栋的手中，所有的宁波球迷都瞪大双眼，如同期待神的救赎。只见这位"中投王"的三分球，像雨夜中的一道闪电，应声刺穿上海人的篮筐，122 比 121，八一领先 1 分，总决赛第 4 战只剩下 7.9 秒。

所有的球迷都高举起双臂，人们还记得刘玉栋在九运会决战中绝杀的三分，他们焦急地等待这一幕再次重演，仿佛决赛的第 5 战已难以避免……

但冷静的李秋平急叫暂停，"还有一次进攻"，李秋平说，"在右侧做一个掩护，本沃有机会就出手，没有机会就传给姚明，让他硬冲篮下，其他人从另一侧抢篮板。"同样另一边正在布置战术的阿的江也预料到了上海队这种必然的安排，他示意刘玉栋"盯死姚

明"。

果然，大卫·本沃在右侧圈顶拿到球，但面前已经有陈可盯防，他将球传到底线的姚明手中，姚明打算强行出手，刘玉栋几乎用了最后一点力气死死地顶住了姚明的腰眼，皮球弹筐而出。本沃补篮依然不进，只见斯蒂文·哈特凌空飞起，单手一点，篮球在一片喧闹中落入网中。

姚明、哈特、本沃……上海队队员全都激动地跳了起来，发出不可思议的喊叫。如山屹立的"八一王朝"就在7.9秒内结束；连续6年夺得CBA联赛冠军的八一队暂停了夺冠的脚步……

雅戈尔体育馆一片死寂，只听见球场上的上海人在跳跃着欢呼。一位上海的随队记者跳进了球场，和球员们抱在一起。电视台、摄影记者、网站记者也立即像迁徙的鱼群一股脑地全涌向了上海队，涌向了姚明，他举臂高呼，闪光灯咔嚓咔嚓；他大笑，咔嚓咔嚓；他走路，咔嚓咔嚓。

刘玉栋寒眉倒竖，面容冰霜，他径直走回替补席，抓起自己的毛巾便分开人群向场外走去，不顾队友们喊着"大栋，大栋。"球迷们突然反应过来似的，站了起来，不管不顾地开始齐声高呼："八一！八一！"

球馆外的雨，下的如此之急，整个宁波几乎化作水城，连带体育馆内的空气都潮湿不堪。雅戈尔是个老旧的体育馆，球员通道小而狭窄，但是那一刻刘玉栋忽然觉得那几步很长。

刘玉栋仰天举望，"我唯一的念头就是，冠军终于还是在我们手上给丢了！"

　　他第一个走上了球队大巴，任凭宁波的球迷们不管不顾地跳上来拍着玻璃，一个女球迷在即将离开的球队大巴车前撕心裂肺的哭着，喊着。

　　"刘玉栋是冠军，永远！"

　　两个小时之后的彩虹坊，二楼两个包间，一间是庆功的上海东方队，另一间是失意失落的八一男篮，平时滴酒不沾的姚明与刘玉栋猛干一杯。

　　"老刘，老刘，我恨死你了！"姚明轻轻地叹道。

　　即便多年后的惊鸿一瞥，在 NBA 叱咤风云的大姚仍然会想起当年留在 CBA 的遗憾——王治郅在的时候，他赢不了八一队；即便击败了八一队，他也赢不了 32 岁的刘玉栋。

　　"我这么说恐怕很多人都不会相信，其实我没有你们想象的难过，不是我不重视输赢，而是和当

宁波的雨夜，是八一队永远的伤痛记忆，另一方面却成就了姚明远赴 NBA 的佳话。成王败寇，体育比赛就是这样残酷

147

初光着脚丫的乡下生活相比，我没什么可失去的，我的好胜心不是用在这里的。"刘玉栋什么也没回应，只是一仰脖，把手上的酒杯一饮而尽。

那个雨夜就像是命运的分水岭，刘玉栋虽然没能赢得最终的冠军，但他场均 40+ 的表现至今无人可比。而姚明在如愿捧得冠军奖杯后远赴大洋彼岸，成为 NBA 历史上第一个外籍状元。

那一年刘玉栋的技术统计每一样都超过姚明，各项都排第一。"一场球能把刘玉栋的得分控制在 30 分以内就算非常成功"这句话就是这样流传开来的。

故事的结尾是：赛季结束之后，刘玉栋非常自信地去领"最有价值球员"奖。这一次他比任何一次更期待，"名副其实应该是我的，我非常自信。姚明那一年表现没我好。"所有人都在说，上海队虽然赢了八一队，但是没打败刘玉栋。然而结果，结果自然令刘玉栋很失落。

你若问 CBA 的老球迷，当年"铁军八一"最让你激动的名字，回答肯定就是——刘玉栋。

刘玉栋引领的"前锋时代"

新华社资深体育记者徐济成撰文说:"CBA已经进入了由刘玉栋引领的前锋时代。"姚明、巴特尔和王治郅将CBA的前七年写成了浓墨重彩的"中锋时代",而2002—2003赛季则标志着CBA走进了一个群雄并起的"前锋岁月"。

经历了2001—2002赛季和姚明的巅峰对决,刘玉栋的经验值大涨,到了出神入化、荣辱不惊的境界。如果把他的篮球之旅做个境界等级划分,他大概经历了这样几个阶段:

第一个境界:仅仅出于兴趣,他上万里地奔跑,流下上万吨汗水,上万次投射练习,废寝忘食,孜孜以求。如同博览群书,饱读诗书,达到篮球的较高水平。

第二个境界:他的篮球技术达到顶尖大师的水平,随便怎样施展都是经典,随手一挥都是绝世武学。这时的功力不是为了争名好

胜了，无非是一种追求，一种超越自我的追求，似入魔境，欲罢不能。

第三个境界：他进入真正的境界——或者是佛学的境界——领悟到人生的真谛。功名利禄起伏荣辱等全都无无明，亦无无明尽，真正达到无欲无求。

刘玉栋追求的是"道"，就像《庖丁解牛》当中的庖丁，对篮球的追求也正如杀牛、解牛的手艺。庖丁刚开始解牛之时，看到的无非是一头头全牛。三年之后，看的就不是全牛了，而是看到了牛的实质。现在，刘玉栋杀牛就靠"神"遇，不用细看，刀在牛身上好像随意挥舞，而牛已经解开。这时，"提刀而立，为之四顾，为之踌躇满志"。

江山代有人才出，以朱芳雨、杜锋、易建联为首的广东宏远成为了姚明走后中国男篮的新兴力量

2003 年 3 月份，新华社资深体育记者徐济成撰文说："CBA 已经进入了由刘玉栋引领的前锋时代。"

"姚明、巴特尔和王治郅将 CBA 的前七年写成了浓墨重彩的'中锋时代'，而 2002—2003 赛季则标志着 CBA 走进了一个群雄并起的'前锋岁月'，在老中青三代英雄豪杰中，33 岁的八一老将刘玉栋和 21 岁的广东小伙杜锋成为人们注目的焦点人物。从常规赛最后的排名，我们可以清晰地看出，一个前锋群体的崛起，各队的名次高低，基本上是以所拥有的前锋数量和质量成正比，排名第一的广东队有杜锋和朱芳雨，这是国内难得的前锋组合，也是国家队未来的锋线希望。"

风水轮流转。送走了姚明，上海东方实力大减，战绩一下跌到谷底；另一边厢，拥有"双子星"杜锋和朱芳雨而崛起的广东宏远则成了八一队在 2002—2003 赛季夺冠的拦路虎。

"应该就是我们和上海队争冠军的那一年，2002 年左右，广东队居然在我们主场赢球了，好像就是从那个时候开始，大家都在说广东的双子星座，杜锋和朱芳雨他们俩联手起来就能拿下七八十分。"刘玉栋说。

2002—2003 赛季，八一在常规赛中两败宏远。第一战杜锋得41 分，刘玉栋得 15 分，广东赢了 20 分；第二战杜锋得 36 分，刘玉栋得 21 分，广东赢了 28 分。那赛季，杜锋平均每场 24.1 分，是广东的第一得分手；刘玉栋的平均得分是 29.7 分，仍然是八一的得

分王。

这个赛季,竞争的激烈并不比前几个赛季逊色,具体的原因就是因为有了老、中、青三代前锋的并起。前锋的成熟使得 CBA 比赛技术含量提高,观赏性更强。

说起来,当时的八一队和广东宏远队宿怨已久。七远会之后,广东宏远组队,提供的条件比较好,于是辽宁队的关德友、黄云龙两座铁塔,张勇军、李春江、李青山三条老枪,呼啦啦地全跑到了东莞。事实证明尽管他们的年纪是全联赛最大的,也仍然是最好的。这 5 位老国手使广东队在加盟 CBA 的第一年便杀进决赛,现任宏远主教练李春江 1995—1996 赛季还是广东队头号得分手。可惜最终不敌八一队。"那时候正是刘玉栋、李楠那帮小子活蹦乱跳的时候。"

这个阵容平均年龄超过 29 岁,主力阵容平均年龄高达 33 岁。当年的关德友已经 38 岁,是 CBA 之最,全队只有李群和宋希属于70 后。"张勇军、李春江的投篮那叫一个准啊!"谈起当年的长辈,杜锋和朱芳雨都充满了敬意。但是这拨老队员有他们的无奈,比如"就是打不过八一"。

当时还在宏远青年队的杜锋和朱芳雨很唏嘘当年的困顿,他们也悄悄地把崇敬的目光抛给了八一队——那是一支拥有朝气蓬勃的王治郅,拥有刘玉栋、李楠、范斌、张劲松的球队。

在经历了九运会主场作战的失败,经历了被姚明带领的上海队场场胜出三四十分的羞辱后,宏远队在 2002—2003 赛季终于等到了收获的季节。常规赛横扫八一,第二场杜锋一人拿下 42 分,广东宏远也正是从这个时候开始萌生争夺总冠军之意。他们当年仰视的球队就在眼前。已经走过了老宏远的时代了，我们拥有更成熟的条件，该是我们拿冠军的时候了！

这一年的季后赛，广东宏远队与八一双鹿队争夺总冠军。

"不经过八一队这一关，即使得到冠军也显得成色不足！"这是宏远俱乐部老总陈海涛早些年常说的话。2003年，首度冲冠的李春江信心满满："我们的实力已经可以战胜他们了，缺的只是经验及天时……现在，眼前的这支八一队失去了王治郅，刘玉栋和范斌又有多年的伤病，而且我们在两场常规赛都以超过20分以上的比分战胜过他们。"李春江和弟子们终于可以以一种高高在上的

从广东宏远手中拿下冠军，是伤病缠身、渐渐老朽的八一队的一场经验之旅

153

姿态，作俯视状打量对手了。

"我们常规赛的时候两次都赢了八一队 20 分以上，在以前，谁敢这么想，更没有人做得到。"杜锋也以为总冠军唾手可得。

但是在宁波，面对已经清醒过来的八一队，在他们几乎要逼到鼻孔前的防守下，宏远队的心从常规赛宝座上跌落，摔了个粉碎。回到主场，紧张的情绪传遍了全队，杜锋以突破晃过所有防守，但就是上篮不进，李春江焦急地跺脚，从不紧张的朱芳雨也表情木然。只有刘玉栋，他和前两场被杜锋"欺负"的状态完全不同。他不动声色，在积臣的严防死守之下拿下了 30 分，在第四节一开始将广东队的反击之火扑灭。

徐济成对这场总决赛的看法是：看八一老将和广东小将争夺 CBA 总冠军，眼前总是幻化出杰克伦敦的拳击小说《最后一块牛排》里的场景：穷困潦倒、连一块牛排都吃不上的老拳师汤姆金，用他丰富的经验和老道的拳术，让年轻气盛、肌肉像"钢铁和弹簧组成的"对手桑德尔吃尽了苦头。

老汤姆最后终于因为赛前没有吃到牛排而输掉了比赛，但是他让准备速战速决的桑德尔经历了一场噩梦般的战斗。八一老将不但有经验，还有足够的牛排吃，有牛奶喝，那么广东小将们就不会有桑德尔的幸运了，青春和肌肉不但没有帮助他们，反而使他们在八一的老拳下输得更难堪。

总决赛第三场八一队输了，他们马上进行了总结，并且在第四场比赛当中行之有效地得到了贯彻，即加强第三得分点张劲松的

投篮；范斌要像第一、二场那样缠住李群；进攻落位要快，保证半场有 15 秒的配合时间；关键时刻的攻击，一定把球交给刘玉栋和李楠；回防要快，不让宏远打快攻。所有的备战要点，八一队员都一一做到了。

面对"赶考"的广东宏远队，八一队赢了。

"在网上打游戏，经验值非常重要，会起到决定你级别的关键性作用，我们的第四场比赛也是这样的，而这也是我当年所说的好胜心要用的地方。"刘玉栋说。

八一队第七次捧起总冠军鼎，小队员们把刘玉栋围在中央，一个传一个，最后停留在他的手里。他举起了这座至尊的奖杯，在一片白花花的闪光灯中，失利的时候都从来没有闪过的泪花，现在全在眼里。

宁波，这座城市成就了他们

只要一个小小的微笑，对我们来说就会像整个春
天。

在球馆东西侧看台的是"兰魂"和"双鹿电池"两个球迷团
队，他们让人见识了宁波球迷团队的痴情和热心。这两个方阵的球
迷，穿着统一的服装，其他五花八门的物品如毛巾、喇叭、充气棒
和刘玉栋的巨幅海报等，都成了他们加油助威的工具。据说，这两
个球迷团队的成员，每场比赛都是站着看完全场，这在 CBA 其他
赛区绝对是一道不多见的风景。

去拜访余教头的时候，他一直在忙，手机、座机响个不停。内
容大相径庭，或者索求球票，或者希望加入"兰魂"这个组织。余
教头顾名思义，就是"兰魂"的教头——没有人知道他的真名，只
知道他姓余。

6 年多了，"兰魂"球迷协会发展成了一个 200 来人的组织，

而且声名在外。身为创始人，余教头对这个成果比较满意。

其实，看这间办公室的环境，也能感受到他工作的业绩。大大小小比赛的照片，各种各样加油的条幅、工具，还有各种各样的奖杯。

刘玉栋说他永远感谢篮球的衣食父母——球迷，无论对方的身份如何，年龄多大

做了 20 年的球迷，最初余教头是热爱着足球的。那时候他们建立的组织叫做"兰魔"，是在大郅走的那一年创立的，"不过大郅可能不记得了"。余教头不无遗憾地说。

但是他清楚地记得，大郅离开宁波的那一年，"我们去送行，他看见了那幅大海报，也就是现在我们用的这一幅，他要了去。当然也就是那一年，大概应该就是在总决赛，半场休息之后，他第一个走了进来，我们一直在卖力地喊，大郅！大郅！他居然从八一队替补席那个位置走了过来，和我们握手，当时我们简直高兴坏

战神 刘玉栋

了。"

这样的细节仿佛是"兰魂"生涯中的一个高音符，只可惜此后却是一片寂然。

"从大郅走后，直到现在，再也没有遇到这样的事情了。"余教头的话语当中有一丝职业的伤感。

一开始，受宁波篮协的委托，"兰魂"的成立纯粹就是为了替八一队造造势，"从前大郅在的那个时候，八一队票房没这么好，因为那时候无论打哪支球队都是上半场就领先20分以上了，中场的时候我们大家都到外面去休息了，不像这两年，尤其大郅走后，打哪支球队都势均力敌，所以现在票务实在是太紧张了。"

从1980年开始做球迷的他，慢慢的变成八一队的铁杆球迷了。他非常合理地借鉴了好些足球场上的加油方式，比如去年总决赛打出李小龙的大旗，比如在某个关键的时刻造出人浪，带动全场观众。

慢慢地，看台上这群疯狂而不失秩序，热情而不乏理智的"兰魂"成了宁波赛场的一景，他们也是宁波人心目中家喻户晓的商标。

"要求加入的人很多，但我们不是每个人都同意的，我们也要挑选的。首先在30岁以下，因为年轻人一般体力好一点，不知道你有没有注意到，我们一般整场都会站着看球的，而且也会有些激情，然后我们也会挑一些外向性格的人加入。"

每次比赛之前，他早上起来，会给有资格参加的50人发短信，就这50人还是在200人名单当中筛选出来的，然后他会在专门的

"兰魂"论坛上发帖子，宣布参加的名单，要求他们大概几点钟集合。

下午的时间基本上就是准备各种各样的器材，像总决赛第二场，比赛开始之前他们还一度策划在广场放小型烟火观礼助兴，一般常规赛会要求大家在 6：30 集合，总决赛就会要求早一点，交待注意事项，准备东西什么的。

现在这套东西对余教头来说已是烂熟于胸了，声名在外也让余教头受到多方邀请。比如组建

有八一队这样的球队，才会有"兰魂"这样的球迷组织

八一女篮的球迷协会，还有浙江绿城的球迷协会，以及一支宁波本地足球队的拉拉队等等，另外还兼运营着一些公司的事情，余教头现在实际上已经发展成了职业的球迷负责人。

余教头不会知道，在八一客场打浙江那场，在饭店的时候，还不认识他的记者，听到了他的那番腑腹之言："这些年，虽然付出与回报不成正比，但我们从篮球当中得到的快乐无法用言语形

战 神
刘玉栋

容……"

余教头说，到现在为止已经跟八一队六七年了，最大的愿望，就是希望八一队在赢球之后，可以走到"兰魂"面前，做个互动的手势。

我们上次去浙江万马看客场的比赛，他们的球员在比赛结束之后，不管输赢，都会去跟两边的球迷击掌，这种互动真是让我们太羡慕了！"

余教头说，他们要的真的不多，"我们支持这么多年，人家球迷都以为我们和八一队关系很好，我告诉人家，我和你们是一样的，我们也就是去加加油而已。"

去年的赛季，是唯一一次八一队和"兰魂"的互动。那一次是"兰魂"组织的年夜饭，费了几番周折之后，八一队来了。原本他们想好了，设计一些奖项，什么最佳新人奖什么的，然后确定都是由谁去颁发，结果最后还是有两个人没来。

"其实他们只要一个小小的微笑，对我们来说就会像整个春天。"余教头说这句话的时候，眼神当中竟然飘过一丝伤感。

但是余教头并不知道，刘玉栋曾说他们心里装的全是对宁波这座城市和球迷的感激。说起来，刘玉栋的父亲还曾在宁波工作过，他姐姐就是在这里出生的。"以我们球员的性格，有时候不会去多表达什么，但是只有我知道，宁波对我来说有多特别。"

在八一队曾下榻的海军第三招待所里，刘玉栋算得上是最忙碌的一个。在招待所的楼道上，他基本上都是被热情的球迷包围着，他都是逐一耐心签完了名，还会可爱地问了问："还有吗？"有几次，记者约定的一个小时的采访，有可能几度被来访的客人打断。

当这些和大栋熟识或不熟识的朋友，掏出纪念册和战神的照片等让他签名时，大栋没有丝毫怨言，而是一遍遍工整地写上自己的名字，他似乎也早已习惯了这项"业余"工作。

或许有的时候，这一支球队成就了这座城市的荣耀。

去宁波主场看球，你一定会看到刘跃。胖胖的脸上浮现出和蔼的笑容，出于宁波人的低调性格，刘跃一直把自己叫作"宁波篮协干活的"，在秩序册上，他的职务则是"赛区接待"。

他曾经解释过，他具体的工作就是主管竞赛工作，是做推广这一块的。但大大小小的杂务，包括记录台、休息室都是他的职辖范围。比如说比赛的开始时间，还有记录台的相关事务，早几年的时候，他得24小时开手机，随时沟通。

尤其到大赛的时候，他得每场比赛都站在记录台边，像24秒记时器的问题，播音员暂停和换人，有时候去提醒记录台等等。

从1998—1999赛季，八一队来宁波的第一天走入雅戈尔体育馆的时候，他就在这里工作。到今天，他说自己基本上没看全过比赛，尤其是像这种比赛，越进行到激烈的时候，他越得在记录台旁边守着。如果遇到有可能是总决赛的最后一场，还剩下5分钟的时候，就得开始准备颁奖的事情了。

而认识大郅的记忆，更是远在国青的时候，甚至早过1998年，"那个时候，雅戈尔体育馆属于很偏远的地方，尤其是体育馆对面，全都是一片荒地。"

就在1995年初，国青队打比赛，也是宁波体育馆刚落成那一

战神
刘玉栋

年，篮协组织了一个男篮邀请赛。大郅刚进国青队，那是刘跃第一次看见大郅，"看上去很年轻，字写得很正，人家叫他签字，一笔一画的，不像现在这样那么草。我家里好像还有一张他在国青队时的签字。"

刘跃亲眼看着八一队在宁波落地生根，再一场一场地把对手打得落花流水。"八一队那个时候太强了，宁波的球迷还没适应。我记得第一个赛季主场打浙江男篮的时候，宁波球迷还向着浙江队呢。"他回忆说，"和现在完全不一样，现在你再看八一队打浙江，他们（宁波的球迷）急得不行，又是打电话，又是跑过去看现场，感情与以前完全不一样。"

宁波，这块冠军的土壤，这里热情的球迷，谁能否认军功章里有他们的一份功劳。

两次复出

> 有人喜欢用刘玉栋的两次复出和乔丹相比较。他有
> 两次复出，原因各不相同：一次是 2005—2006 赛季，
> 当时八一队确实太困难了，需要他带带新人，是被迫的
> 复出；第二次是 2007—2008 赛季在福建，他只是因为
> 太过想念篮球场，也想为家乡作贡献。

2002 年，体坛周报以一个整版做了一个人的报道，《中国出了个易建联》。

王治郅、姚明前往 NBA 以后，中国篮坛急需一个新的篮球明星，易建联的横空出世无疑填补了这个空缺，从 2002—2003 赛季开始，整整三年的时间，易建联从一个每场只能在垃圾时间上场的替补，迅速成长为广东宏远的首发主力，而在他参加的这三个赛季的比赛之中，广东宏远和八一男篮已经交手了 22 场，他们全都保持着优势。

战神
刘玉栋

易建联回忆说："我记得，除了第一次跟他们打总决赛，第三场我们输了20分以上，八一队再也没有赢过我们超过15分的球。"

三年前，姚明临走的时候说"八一队老了"，但是，2004—2005赛季这一年，李楠休息了半年才出山，刘玉栋休息了整整一年，带着布满针眼的膝盖（刚刚取出十块碎骨），尽管刘玉栋仍然每场平均得26分，但他也明白，打球已明显不像以前那样流畅，一周三赛对他的体能也是个严峻的考验，甚至是残酷的折磨，八一队再也不能和鼎盛时期相比了。

"一般中国的球员临近30岁就算是高龄了，我已经在考虑退役的事情了，有时候觉得腿都迈不动了……"刘玉栋无奈地说。

那几个赛季，CBA其他俱乐部对付八一队的战术变得越来越简单，那就是不惜一切代价防住刘玉栋，只要掐断刘玉栋的进攻就可以击败八一队。他们甚至会布置两至三名球员去防守刘玉栋。

常规赛前九场比赛，八一队5胜4负，积分排名仅居第4名。孤军奋战的刘玉栋实在难以挽救处于青黄不接阶段的八一队。

2005年4月3日，八一男篮在半决赛被广东宏远以3比0横扫出局，10年以来第一次无缘CBA联赛的总决赛，仅仅获得了联赛的第3名。他们制造了10年以来CBA联赛的最差成绩，半决赛结束的时候，主教练阿的江第一次感慨地说："我们八一男篮整个赛季的比赛到今天彻底结束了，我一直都没说过感谢的话，在这里我要谢谢3名老队员，刘玉栋、张劲松和李楠，他们为了国家，为了军队，也为了球队拼到了最后一刻。我们的老队员有的将告别赛场，但是他们拼到了最后，尽管是以失败离开的，但是他们没有遗憾。"

2005 年 11 月 10 日上午 10 点，在 2005—2006 赛季 CBA 联赛新闻发布会上，刘玉栋当众宣布自己退役了，不再参加今后的 CBA 联赛了。

有人喜欢用乔丹的两次复出和刘玉栋相比较。刘玉栋有两次复出，一次是 2005—2006 赛季，当时八一队确实太困难了，需要他带带新人，是被迫的复出；

第二次是 2007—2008 赛季在福建，他只是因为太过想念篮球场，也想为家乡作贡献。

资深记者刘骁回忆说："赛季开始前我去看刘玉栋，他在红山口训练，安排的时间和八一队的训练时间错开。我看他投 1000 个三分球，能中 700 个；他做力量训练，深蹲能做 170，卧

孤军奋战的刘玉栋实在难以挽救处于青黄不接阶段的八一队

推能做 150。老刘自己说，现在八一队年轻运动员练举重的也未必有他的力量练得好。"可是当时的老刘已经休息了将近两年的时间了，这一切令他感到十分地惊讶。

2007 年，作为复出的首场演出，刘玉栋也许令许多抱有期待的球迷失望了，他的表现甚至难以用及格的标准来形容。全场比赛出场 16 分钟的"战神"，一共出手 8 次，仅投中 1 球，得到可怜的 2 分，另外还有 5 个篮板。尽管最终福建队以 114∶101 战胜了对手，不过相信有人早已在心里定下了"刘玉栋廉颇老矣"的结论。

接下来，又仅仅用了两场比赛的时间，刘玉栋就让所有球迷们相信，他依然能够在球场上有所作为。在那场同上赛季总决赛冠军广东队的激烈交锋中，刘玉栋成为了比赛的关键。全场比赛他一共出场 37 分钟，18 投 10 中（其中三分球 2 投 2 中），罚球 5 罚 2 中，砍下全队最高的 24 分，此外还有 14 个篮板（其中 3 个前场篮板）、1 次盖帽、2 次抢断。整场比赛刘玉栋显然已经成为福建队在场上的精神领袖，并且带队战斗到了比赛最后一刻，尽管最终仅以 84∶89 的 5 分惜负

在福建队主场首场复出

于卫冕冠军广东队，但是刘玉栋的表现无愧全场最佳。

2010 年月 2 月 5 日晚上，一场在福建晋江的 CBA 篮球赛。

刘玉栋并未首发，杨庚霖站在了浔兴首发的位置上。坐在场下的刘玉栋很放松，还不时和坐在他边上的李涛进行一些交流。

第一节比赛还剩下 6 分 47 秒时，刘玉栋替补上场。吕晓明在发边线球的时候将球交到了刘玉栋手里，可惜刘玉栋的第一次出手没有命中。刘玉栋遗憾地将这历史性的一刻又推后几分钟。

2010 年刘玉栋获 CBA 得分王

不过，当机会第二次来临的时候，刘玉栋没有让它溜走。历史性的一刻定格在第一节还剩下 2 分 57 秒的时候，刘玉栋接到杨超的传球，篮下上篮得手，得到两分。这两分让他在 CBA 历史的总得分变成了 8290 分，超越了李楠的 8288 分，独享 CBA 历史得分王的宝座。现场的 DJ 高喊着刘玉栋的名字，向全场的球迷宣告——"刘玉栋！CBA 得分王！"全场的球迷也齐声欢呼。

战神
刘玉栋

这一年，刘玉栋已经 40 岁了。

"很开心能在这样的夜晚见证这样的一个历史时刻，15 年这一路走来不容易，这 15 年我在 CBA 做了一些事，特别是得分上。这是一个新的历史时刻，以后会有更多的人站在这个高度上。对我来说这是一个很好的时刻。"刘玉栋从容不迫地表达他的兴奋之情。

有人说，在王治郅、巴特尔离开后的 CBA，技术上的空虚已被刘玉栋用伤残躯体的完美诠释牢牢填实。我们可以看到，CBA 历史上任何一个外援二中锋都不曾打败刘玉栋，从道宾斯到乔治再到本沃和积臣，刘玉栋为 CBA 带来难得的自信。

在中国的孩子们追逐着胡卫东飘逸的空中扣篮，到 NBA 小个球员科比、艾弗逊的神奇时，刘玉栋始终如一，从头至尾都是那个苦练的野小子，改变的只是围观的人。

刘玉栋曾获得 2002 年常规赛和季后赛双 MVP；

2003 年季后赛 MVP；

现在，刘玉栋在自己的光荣榜上又添加了一项——CBA 联赛"得分王"。

在"黄金一代"里，孙军、胡卫东、巩晓彬早就拿过 MVP，李晓勇、郑武、阿的江也出过大风头。只有刘玉栋，和大家拼的是耐力，把自己的黄金时期延续到了 21 世纪。眼看着那一代人几乎都做了教练，而三大中锋到了 NBA 后，刘玉栋成了"黄金一代"的最后一个偶像。

绝杀全运会

刘玉栋在九运会男篮决赛上的最后绝杀一投，成全了解放军队的又一个全运会冠军梦，也让姚明有了永远的全运会之痛，姚明在那天晚上说："这是巴顿将军的子弹。"

全运会在中国是个具有特殊意义的运动会，对篮球尤其如此。那意味着不再有外援、外教，全华班与全华班的对决。从某种意义上来讲，也是球队真正实力的体现。

七运会是刘玉栋参加的第一次全国运动会，那一年他才 23 岁。"那个时候我多年轻啊，我是队里最小的一个，真的是什么都不怕，反正压力全在他们老的身上了。"刘玉栋这样想，也是这样做的，他在那一届的全运会上，一路拼杀，场场都几乎打满 40 分钟，"其实我知道我们可以拼出来，只不过，我不知道能拼到什么程度。"那一届他的队友是王非、张斌、阿的江等名将。而队里几乎所有的

战神
刘玉栋

球最后都交给王非。

七运会的时候，八一队并非一枝独秀，他们面临的最大对手是辽宁队。在六运会夺得冠军之后，八一队很长一段时间都处于非常低迷的状态。当时在全国篮球比赛中，八一队数次沦为辽宁队的手下败将。这之前两年八一队输给辽宁队一分，过了一年的比赛又是输掉一场比赛，两年输两场，两年都是老二。到了七运会的时候，预赛又输给辽宁。"那一次真的很难，全队上下的压力都非常大。"但是压力恰恰成就了刘玉栋，决赛那一场对辽宁队，他一个人拿下三十几分。八一队夺得七运会男篮冠军。

"我们这种位置的球员和那些大高个中锋不同，他们往场上一站，凭着两米几的身高就可以吸引眼球，我必须得一场一场地去拼，所有的东西都是靠自己一点一滴累积出来的。"

让刘玉栋遗憾的是，因为受伤，他没有参加八运会。

而接下来的九运会又是八一队压力特别大的时候，因为那一年有了与八一队势均力敌的上海队，因为有了姚明。

"在七运会的时候，因为在此之前的几次全国比赛中，我们曾是辽宁队的手下败将，是我们去挑战他们；九运会的时候，上海队在 CBA 联赛当中是我们的手下败将，我们是要捍卫我们的冠军宝座。"

九运会时的八一队，拥有王治郅、李楠、刘玉栋等人，刚从 NBA 归来的王治郅是球队的最大王牌。但最后决定比赛胜负的，是刘玉栋。"如果说七运会的时候是由于太年轻没有压力的话，那九运会没有压力是因为经验。"刘玉栋平静地说。

当时八一队呼声挺高的，但上海队有姚明，他们经过几年磨练，自信心很好。八一队与上海队决赛时，前面一直压着打，后来被追上，咬得非常紧，大郅那场球发挥一般，刘玉栋和李楠都是被重点盯防。"我对自己有把握，到了最关键的时候，球在我手上，章文琪封过来，封得非常高，我一个假动作，他飞出去了，我跳起来，觉得非常冷静，在左侧零度角投中那个压哨三分球，绝杀了上海队。"球穿网而过，没有落地，直接掉进了姚明的怀里。章文琪痛苦地倒在地上，姚明狠狠地把球砸在地板上。

终场哨响，刘玉栋平生最擅长一剑封喉，那一投则集毕生之功力。

绝杀的技巧，要有非常好的心理素质，非常冷静地处理球。过硬的技术和信心都来自平时训练的积累，平时训练有把握100%地投进，那么有人干扰时起码80%能投进。平时对自己要求很高，关键时刻就会有信心。

后来一提到刘玉栋，姚明最难忘的一幕，仍然是广州九运会的男篮决赛。

刘玉栋在九运会男篮决赛上的最后绝杀一投，成全了解放军队的又一个全运会冠军梦，也让姚明有了永远的全运会之痛，姚明在那天晚上说："这是巴顿将军的子弹。"

2005 年，第十届全国运动会在江苏举办，已经决定不再打CBA 联赛的刘玉栋再次披挂上阵。

九运会后，失去了王治郅的八一队，只能开采老将这份最珍贵的资源。大栋说，即使他知道这一届是解放军队最困难的一次，还是毫不犹豫地又参加了。他也渴望用全运会冠军为自己职业生涯画上句号。"前几天我们参加热身赛，广东电视台的解说员就笑，说是刘玉栋从2000年就开始说退役，到现在还没有退！"说到这里他也笑了，"我是服从领导安排，但是从个人的角度，我也愿意参加全运会，像这种比赛时间不长，这点苦我还是愿意吃的。"

只要刘玉栋参加比赛，就必然成为明星，十运会也不例外，况且这是他最后一次参加全运会。

但是没有人知道，2005年的十运会是刘玉栋压力最大的一次。

"我一直是个心态很稳定很正常的人，像有些人输了球会掉眼泪，晚上还会难过，我差不多迈出球场就翻篇了。我想的方式和别人不一样，我会马上找出

刘玉栋常扮演一剑封喉的绝杀高手

错误，想的是下一次怎么把这个过错给扳过来。同样，赢球对我来说，也是当时那一秒可能觉得心里很舒坦，但是过去就不会想太多。"

"但是不知怎么，对我压力很大的就是十运会。"

分组的时候，解放军队和江苏队都分在了泰州赛区，那是江苏队的主场。

绝大部分的篮球媒体都涌向了广东队所在的盐城赛区，那可是如日中天的球队，是拥有易建联、朱芳雨、杜锋、王仕鹏的球队。而且在他们心目中，刚刚在 CBA 联赛中倒在广东队铁蹄下的八一队，这次甚至过不了江苏队这一关。

刘玉栋要面临的对手又是胡卫东。之前的"CBA 十年杰出贡献奖"评选，他们俩就是最大的竞争对手。当刘玉栋踏进体育馆时，陌生的场馆，挤得满满当当的人和迎面而来的嘘声。历来都有篮球传统的江苏人可不比宁波球迷更为逊色，他们用江苏话高喊着胡卫东的名字，那种气氛俨然江苏队夺冠已是胜券在握。

由于全运会对年龄超标队员的限制（28 岁以上可以报三个，每场只能上两个），那时候解放军队还是由"三杆老枪"刘玉栋、李楠和张劲松挑大梁，但主要就是刘玉栋和李楠带一拨小队员。"如果其他球队也有像我们这样的老队员，那是另一回事，可当时我们真是老了，我对自己有信心，可对自己的同伴没信心。我当然不能对媒体这样说，实际上那个时候没有媒体看好我们，我们打的比赛冷冷清清的，媒体全去扑江苏队和广东队了。"

果然，解放军队在小组赛中输给了江苏队，排小组第二。

战神 刘玉栋

半决赛的时候又是两队相遇，阿的江布置刘玉栋去防唐正东，江苏队则换了好几拨人来防老刘，常常都是把刘玉栋逼到了角落。上半场解放军队一下就落后了十几分，中场哨声响起的时候，刘玉栋看着江苏队的教练席，他们全都又说又笑，提前露出胜利的微笑。

他们忘记了，在 CBA，如果有一支球队是最适合打逆转战，那一定是八一队。因为只要有一丝机会，他们就会出现以小搏大，以少搏多。

下半场开始，解放军队一直咬着不放，分数在一点点追回来，好像对手还没来得及反应过来，刘玉栋带领球队就把比分追下来，直到最后战胜江苏队，粉碎了江苏队在家门口夺冠的梦想。走出体育馆的大门，江苏的球迷脸上有失望，但是没想到的是，居然有个人冲过来对刘玉栋说，经过今天，我们都觉得你拿"战神钻戒"实至名归……

男篮决赛于 2005 年 10 月 22 日晚 20 点 45 分在南京五台山体育场打响，对阵双方是八一队和广东队。

开始只是很多军人球迷为刘玉栋加油，后来球场上爆发出天津口音的"刘玉栋"加油声，随后还有一阵江苏口音的"刘玉栋"加油声。到了第四节，甚至还有一群广东球迷"倒戈"。刘骁说，对刘玉栋的手感印象最深刻的是在这场比赛上。他至今都还记得这个镜头，刘玉栋进攻，是易建联、朱芳雨、杜锋三个人来防守他，几乎是没有死角，刘玉栋当时相当于是背对篮筐，手一勾，球进了。

174

正是这个精彩的进球使得广东球迷也"倒戈"了，也随着全场的喝彩喊出了"刘玉栋"这个响亮的名字。

第三节结束时，双方战成 53 比 47，八一队领先。

最后一节，广东队换下王仕鹏，朱芳雨盯防刘玉栋，比赛开始 27 秒，刘玉栋单打朱芳雨造成对手的犯规，刘玉栋两罚两中得到了本场个人的第 20 分。杜锋接李群的长传球得分，易建联投篮不中，杜锋吃了莫科的一记"火锅"，刘玉栋右侧底线跳投不中，解放军队的命中率开始下降。这时，阿的江请求了暂停。暂停后，朱芳雨突破上篮得分，这是他在这场比赛之中第一次在运动战中得分。接下来还是朱芳雨，在身体失去重心的情况下，单手投篮命中，将分差缩小到了 2 分，广东队 53 比 55 落后。但朱芳雨进攻心切，远投不中，李楠抢下篮板，关键时刻刘玉栋三分线远投命中，58 比 53，稳住了解放军队领先的局面。紧接着王中光底线中投命中，解放军队重新掌握了领先优势。这时广东队请求暂停，暂停后，王仕鹏终于找到了手感，投中了广东队全场的第二个 3 分球，王中光突破分球，莫科在无人防守下上篮得分。王仕鹏远投不中，莫科抢到篮板，王中光突破上篮被易建联盖帽，李群前场进攻中"走步"违例。解放军队请求暂停，比赛还剩下不到 2 分钟的时候，双方战成 64 比 58，解放军队领先 6 分。暂停后，刘玉栋在比赛还剩下 1 分 44 秒时远程发射，3 分球再次命中。易建联进攻，刘玉栋犯规，易建联两罚两中。李楠转身跳投命中，朱芳雨外线连续两次不中，八一队 67 比 58 取得了 9 分的优势，全场观众开始欢呼……

最终解放军以 71 比 60 战胜广东队。

　　在夺得冠军之后，阿的江说他的脑子一片空白，刘玉栋说这是他第四次参加全运会中拿到的最难的一块金牌，也是最兴奋的一次。此役刘玉栋是解放军队取胜的头号功臣，他一人拿下 27 分、5 个篮板以及 3 次抢断。

　　另外一名老将张劲松，则在更衣室里对一位江苏队的记者说："怎么样，输给我们不冤吧！"

　　解放军队拿下全运会的冠军震动全国。解放军总政为他们发去贺信，并决定嘉奖八一队。当时解放军队能够拿一等功是非常难

2005 年第十届全运会男篮决赛，八一队夺冠后合影

的，八一队的规定是，只有拿奥运会冠军才能拿一等功，世锦赛冠军都只能是二等功。

刘玉栋和李楠之前已经因为九运会拿过一等功了，三个年龄大的球员，只有张劲松之前没参加而错过了评功。

因为要得一等功太难了。十运会之后，领导对刘玉栋说，你看你都拿过一次一等功，但是张劲松没得过，要不然你让出来怎么样？刘玉栋毫不犹豫地说，没问题。

名单报上去以后，上面领导一看，怎么没有刘玉栋的名字？刘玉栋如果不能拿这个一等功，谁能拿？

于是解放军队破天荒地评上了两个一等功，而刘玉栋成了唯一一个拿过两次一等功的八一队运动员。

终成"指环王"

李楠一生傲骨，同样是八一铁军时代最令人动容的悍将。5 年以前，当戴梦得与中国篮协合作，制作 CBA 十年最杰出运动员至尊钻戒的时候，李楠知道了这个消息，当时他问："评选几个人？"朋友告诉他："就一个。"李楠说："那就是刘玉栋。"

我们曾经随刘玉栋一起回忆过他的童年时代。在福建乡下的那些时候，日子虽然无忧无虑，但从今天看来，细节却是一片混沌，里面一直有件事情让刘玉栋永远都忘记不了——就是校长找上门来让他退学的那件事情。

"那个时候也不是感觉到羞辱，只是觉得，当着家里那么多人的面，校长要我退学，或多或少都没有面子……"

"退学事件"留下的阴影是，此后刘玉栋发现自己特别不愿意当众做一些事情，大多数人怯场的表现是腿发抖、脸发红、出汗、嗓子发干，刘玉栋则是沉默，感觉舌头像是绞在一起的沉默。这也使得一年难得一次的全明星比赛，他大多数时候都是跟在那些活泼好动的球员身后，最多也就是用自己惯常的姿式，冲着球迷挥挥手。

刘玉栋没有想到会有这么一天，自己会真正地站在一个舞台的中央，所有的聚光灯都打在自己身上，"感觉就好像自己是个真正的英雄一样……"

2005年1月19日，是2004—2005赛季CBA联赛的第29轮，八一队与吉林队比赛的球票早早就被炒卖一空，宁波的球迷们要亲眼见证一个伟大的时刻。

终于等到了中场休息时间，宁波雅戈尔体育馆的灯光暗了下去，全场观众开始有节奏地高呼"刘——玉栋，刘——玉栋"，空气中弥漫着一股热烈而急切的气氛。

中央电视台体育节目主持人孙正平也在调动着大家的情绪，"让我们一起来见证这一历史性的时刻。"大屏幕上开始播放评选"CBA十年杰出贡献奖"的过程。接着是刘玉栋在赛场上的短片，主持人说："现在，请出我们CBA的十年英雄……"灯光、目光追逐着身穿红色球衣的刘玉栋身上。那一瞬间，他还有些发懵，确定这真的是"刘玉栋时刻"？尽管白炽灯晃得他眼睛看不清东西，但是他知道下面坐着很多的年轻人，他们的偶像难道不是年轻帅气的易建联？活泼外向的孙悦？如日中天的朱芳雨？可是这一刻，很多的欢呼声和掌声全都给了他。

李楠——在这之前的CBA历史得分王，2009年退役，成为

战神 刘玉栋

八一青年男篮的主帅。李楠一生傲骨，同样是八一铁军时代最令人动容的悍将。5 年以前，当戴梦得与中国篮协合作，制作 CBA 十年最杰出运动员至尊钻戒的时候，李楠的一段话令我记忆犹新。他知道了这个消息，问："评选几个人？"朋友告诉他："就一个。"李楠说："那就是刘玉栋。"

篮管中心主任李元伟为刘玉栋戴上了象征 CBA 十年最有价值球员的钻戒。他手戴钻戒绕场一周，向全场的观众展示这枚罕见的钻戒。一个由 30 多个军人组成的方阵突然起立，向刘玉栋敬了一个神圣的军礼。在那一刻，刘玉栋闭上眼睛深情地亲吻了钻戒。"这是我一生中最难忘、最激动的时刻。"戴上这枚巨大的钻戒后，刘玉栋表示这枚戒指分量太重，"感谢十年的 CBA 给了我这个机会，每一颗钻石都是我跟队友拼搏的象征。感谢全国球迷的支持，感谢八一队的全体队友，如果没有他们的支持，没有八一队

刘玉栋从当年的篮管中心主任李元伟手中接过
"CBA 十年杰出贡献至尊钻戒"（类似于终身成就奖）

这是刘玉栋一生中最难忘、最激动的时刻

的培养，这枚钻戒的份量也不会有这么重。"

刘玉栋没有忘记那些曾经和他一起并肩作战的国家队队友，"我也希望在不久的将来，从前国家队的队友也会获得这份荣誉。"

刘玉栋更不会忘记宁波的球迷，他发言的最后一句话是："我还要感谢宁波球迷，你是我们坚强的后盾。"掌声形成巨大的回声，响彻在体育馆，"这个时刻，是我一生中最难忘，也是最激动的时刻，我很幸运，CBA 十年给了我这个证明的机会，钻戒上的每一颗

战神
刘玉栋

钻石都是我和队友一起拼搏的象征。"刘玉栋说。

刘玉栋的妻子和儿子也一起走上颁奖台分享这份殊荣，他7岁儿子还身披着刘玉栋的10号球衣，以表示对爸爸的爱戴。

在拿到"十年至尊钻戒"之前，刘玉栋已经拿过无数的荣誉了：1994年世锦赛前八名；CBA联赛的MVP；年年入选CBA全明星阵容；以及全国冠军、亚洲冠军。他至今都记得拿到第一个全国冠军的时候，他坐在屋子里，一整天哪都不去，就盯着那块奖牌，百感交集。小时候看见有同学能拿个三好学生的奖状，就觉得骄傲得不行，而我们竟然能打败那么多的高手，成为全国第一了。

可是，大家都知道关于"得到"的秘密：当你一无所有的时候，一点点荣誉能让你彻夜难眠，而其后，第二个第三个冠军，其实有时候差别并不大……但是刘玉栋说，这枚钻戒却奇怪地让他想到了小学的校长。

"生活让我学会了感恩，我还是想要告诉校长——谢谢！我终于可以说，我至少没有为我们学校丢脸了……"

尾 声

> 那天的比赛结束之后，刘玉栋将球扔向空中，篮球旋转着飞向了球场一侧，旋即被人忘却。而就在几秒钟之前，这只球还是整幢体育馆里最重要的东西。指针走到了零，人潮开始退去，他回过头去看着空空的场馆——这是世界篮球的最高舞台。那是他生平第一次多愁善感，他在想，有一天，人人都是这样的大结局。

　　王磊箭一般杀至篮下，暴扣得手。然而已经晚了，宣告终场结束的红灯亮起，103 比 106，八一队又一次倒下。王磊不服气地在场边把皮球投向篮筐，球居然空心入网！但一切都太迟了，全场三分球仅 32% 的命中率，是无法把一支曾经的铁军拉回季后赛的。王治郅不断地摇头，他个人打出了复出后最漂亮一仗——31 分、11个篮板，包括最后一分半钟时让全队得以"延命"的两记三分，但这并不足够；李楠铁青着脸，不知是体能问题，还是对自己表现的

战神
刘玉栋

极度不满，他仅得 9 分，关键的最后阶段连续三记外围发炮均偏离目标。至少在今天，他再也不是那个决定胜负的 KEYMAN（关键性人物）……场边，助理教练张斌仰天长叹，头像拨浪鼓一般摇着；张劲松一脸严肃，手中的记录本也不知甩到了什么地方；阿的江双目无神，无奈地看着队员沮丧地走向休息室……

那是在 2009 年，八一队在 14 年 CBA 历史上首度无缘季后赛。

2012 年 2 月 1 日晚，CBA 第 28 轮，八一队在主场战胜山东队，球队的战绩变为 8 胜 18 负。虽然赢球，但八一队还是在常规赛剩下 6 轮的情况下，确定无缘本赛季季后赛。八一队这艘战舰再度搁浅，这支军旅 17 年历史上第 2 次无缘季后赛，如今的八一队早已退出了 CBA 的第一阵营。

在宁波体育馆，仿佛一切都没有发生变化，还是潮湿狭窄的球员通道，还是熟悉的木地板的味道，以及凝固在风中的篮球网。看台两侧，十几

仿佛一切都没有变化，在刘玉栋心目中，他还是当初那个胆大包天、活力十足的莆田小子

184

面冠亚军旗帜高挂在南看台的两侧，北面则是八一队员和教练组的照片，可这些照片里，不再有刘玉栋。

胡卫东和刘玉栋，这两个"黄金一代"时期成绩最突出的球员，他们的命运，最终似乎没有什么不同。

胡卫东的篮球生涯一波三折。球员时代他是"骄子"，教练时代他饱受质疑，下课之后又屡受攻击。

2009 年 4 月，由于种种非议，胡卫东离开江苏南钢队之后，第二次赴美国学习。随后回国，他又在国青队担任了一年的助教。2010 年赴青年队任主教练至今已经一年多，在这一年多的时间里，胡卫东潜心修炼内功。2011 年，他终于回归江苏男篮主教练的位置，这一次球迷们都说看到了胡卫东的进步。没想到 2012 年，他的主教练职位又被台湾人邱大宗替代，事业几度波折。几千公里之外的北京，另外一个人经历着另一番事业的磨合。刘玉栋从福建队退役之后，进入八一女篮担任领队工作。

最近一次与刘玉栋的妻子张宏珍聊天，她说她曾经和一位朋友聊到刘玉栋。在朋友的眼中，他是一位浑身布满光环的人物。当时刘玉栋刚刚从福建队回来，她很担心他不能适应八一女篮中队长这份工作。这位朋友就说，你放心，刘玉栋是一位智商、情商都非常高的人，他会很快就适应的，而且他一定能像做运动员时一样优秀。果然，他现在的工作已经如鱼得水，组织管理能力也是出类拔萃的，每会开会发言也好，总结也好，虽然语言没那么优美，但也是一针见血，总能说出问题的关键所在。

战神
刘玉栋

坐在新中关商场的一家咖啡馆，刘玉栋难得如此清静。尽管商场里面人来人往，但并没有人认出他来，或者追着他索取签名。

就在这样的时刻，
中国男篮正在备战伦敦奥运会，
外交部正在和菲律宾就黄岩岛的事情进行交涉，
药监局又公布了一批新的有毒胶囊的名单，
社科院报导房价大幅度下降的可能性小，
……

刘玉栋说过，有一天退役之后，有空喝喝茶，钓钓鱼，他也想过过普通人的生活

生活依然在继续。

如今，他终于可以不用再摸着肿胀的膝盖，担忧第二天的比赛了。离他从八一队退役已经 6 年，离他从福建浔兴退役也有两年了。

就在 2011 年，医生又从他的膝盖里掏出一大块碎骨。时间快得就像是上半时的球赛，几个来回就到中场休息了……有的记忆已经被人所淡忘了，但是在中国篮球史上，有些部分会因为"刘玉栋"这三个字而一直活着。

北京时间 2012 年 1 月 1 日，CBA 第 19 轮比赛，广东主场迎战江苏队。在第二节比赛中，朱芳雨得到了自己当晚的第 8 分，这也让他的总得分达到了 8389 分，超越刘玉栋，成为 CBA 总得分榜第一人。

"能够超越我一直很敬重的老大哥刘玉栋我也很开心，不管怎么说，这是一个具有历史性意义的数据。"朱芳雨说，"既然是有历史性意义，那肯定是有自豪感的。当然也觉得是运气比较好，联赛十几年，能够成为这样一个人物是我的荣幸，我觉得是赶上了好时候吧。"

相比起"战神"刘玉栋，朱芳雨完成"CBA 得分第一人"这一数据的比赛场次，要比刘玉栋多出 100 多场。

时间回到 2002 年世锦赛，在印第安纳波利斯的那个冷清的体育馆，替补刘玉栋上场的朱芳雨看上去一脸的稚气，仅仅打了几分钟就又被换下场了，在一旁观看比赛的篮协竞赛部官员肖宏安说：

战神
刘玉栋

"朱芳雨将来有可能成为第二个刘玉栋……"

然后，那天的比赛结束之后，刘玉栋将球扔向空中，篮球旋转着飞向了球场一侧，旋即被人忘却。而就在几秒钟之前，这只球还是整幢体育馆里最重要的东西。指针走到了零，人潮开始退去，他回过头去看着空空的场馆——这是世界的最高舞台。

那是他生平第一次多愁善感，他在想，有一天，人人都是这样的大结局。

后 记

我很担心这篇"后记"会写成像奥斯卡颁奖典礼的致辞一般，因为要感激的人太多了。

首先我要感谢的是厦门大学出版社。2011 年的 11 月，他们向我发出了写作这本书的邀约，那个时候我在《中国新闻周刊》任职，即使从工作单位的名称来看，仿佛就已经远离体育了。

自此这大半年以来，我的生活被分裂成两半，一半是"在其位谋其职"的工作；另一半是不断地和刘玉栋沟通，和刘玉栋的亲戚、朋友、队友沟通，不厌其烦地了解他过去生活的每个细节。

在这了解的过程当中，我突然想起我的体育记者十年生涯中和他的接触。从前，篮球圈的人都说刘玉栋难采访，不是他架子大，而是他为人过于低调，又确实太不擅长以言语来表达事物。幸运的是，由于我当时所在单位的缘故，长年跟随八一队，好歹还算是能够描绘个一鳞半爪。

这次的追访自然让我产生了一些羞愧感，从前那些敷衍的，附着于表面的文字，真的曾经让人了解过眼前这个人吗？

战神
刘玉栋

　　河流流入大海的过程，并不如我们想象得那么简单，可能只是融化的雪水所形成的小河流，也可能是地面上涌出来的一股泉水，或是雨水所汇集的小溪。当水越聚越多，便开始向地势低的地方流动。同时，雪水不断流入小河中，而雨水也有一部分降落在河流里，另一些则渗入土壤里，形成地下水。有时，地下水会穿过岩石和土壤，慢慢渗入河流里；有时，湖泊中的水也会溢出湖泊形成小溪汇入河流中。因为不断有雨水、雪水、地下水及小溪流等汇入，逐渐形成大河，最后流入大海中。

　　同理，刘玉栋是怎样从莆田乡下走出来的；是如何在那么多福建队的队友当中脱颖而出，走到八一队、国家队；这一切为什么是他，是命运选择还是人所为之；他又是怎样克服伤病、失落……他之所以能够成为"战神"，背负那么多的荣誉，恐怕不是简单的一篇文章，几十个用敬语填满的段落就可以概括的。

　　刘玉栋的太太张宏珍看完本书初稿后，说了一段很精彩的话：

　　在我们那个年代，吃不饱肚子是社会的常态，当然也不是单纯地因为要吃饱肚子才去选择打球，去努力坚持。正如现在的口号：不努力高考，你拼得过富二代吗？我们那个年代，你不努力打球能改变贫困生活吗？这是刘玉栋作为懵懂少年走入篮球世界的出发点。但成长为优秀运动员，是他此后逐渐形成的集体荣誉感、祖国荣誉感引导着，更重要的是争强好胜、不服输的特殊性格成就了他。

　　在上一本书里，我曾经转述过有个朋友说过的话："应该让每个小孩子都来热爱体育，热爱篮球，因为这样，从小的时候就可以开始学习接受人生的失败。"

这句话不由得让我想起了少年时的很多事情，其中一个场景是，年仅13岁的我，因为一次作文没拿到一等奖，趴在桌子上痛哭了整整一下午——那是少年人的痛苦和耻辱，那个时候的我当然不会知道，生活就像一列奔跑的列车，一生当中会有很多次机会钻进长长的隧道，常常你都不知道什么时候才能结束那种突如其来的漫长黑暗。

从2000年的起这十多年间，我已经送走了一位高中同学，两位以前的同事。年纪尚轻的他们都选择了自杀，或者因为爱情的失败，或者因为事业的失败——从小到大我们读过太多的"成功学"，但到最后才发现，那些励志的故事其实从来都没有告诉过我们，失败、再失败之后未必是成功在前方等待。

生，我们无法选择，自然死亡，我们无法选择，成功与失败，其实大多数也由不得我们选择。

体育更是如此。

我印象当中最深刻的，是看到有个球迷曾经这样写过：当面对一个看似无望的现实的时候，有多少人会坚持，而多少人会放弃呢？生活总是在不断地修正……一个从莆田乡村走出来的野小子，站在这个赛场，每天都得正视有可能失败的现实，随时都在修正自己，但是最终，他战胜了一切需要战胜的东西（困难、失败等等），变成了一个强大的人。

战神 刘玉栋

这个过程未必那么有趣，也未必像乔丹、科比的故事那么炫，就像我在书中提到的，即使和同时代的"中国乔丹"胡卫东相比，"刘玉栋太不符合这种偶像的标准。他的对外交际能力就像他从不熟练的普通话一样。他潜意识地躲避一切来自别人的关注，他太过于务实，与其扣中那些花哨的篮，投中那些飘逸的三分，他更愿意务实地在篮筐底下守候，哪怕一次次地被撞伤，被撞飞……"但恰恰是他的务实，他和我们距离那么近，对我们沮丧的人生更具备说服力和借鉴意义。

有意思的是，写完之本书之后，我正好换了个工作，从《南都周刊》重新开始扬帆起航。年过三十之后就会知道，结束，再重新开始，有时候是个多么需要勇气的过程，我不知道这种勇气是否来自于本书。

我曾经出过两本书，在那些文字里面，我一而再地重复"体育是这世界的一滴水，社会的一滴水，它也是文化，是人生，是梦想，是一切的一切"。从体育跨界到现在的"综合界"，我觉得自己更有资格说这段话了。

真心地感激厦大出版社的蒋东明社长，编辑赵康健，如果没有你们的邀约，我没有想到自己会像爱丽丝重返仙境一般，以为自己忘记了的一个美梦，一个充满了绮丽的世界，现在全都回来了。

易小荷

2012 年 5 月于北京